wtv

Wir bedanken uns bei:

Irina Lucke-Kaminiarz
und Hans Lucke
für die interessanten Texte und
Dokumente

Hans Hoffmeister
für die Herausgeberschaft
der Reihe
„Biografien Weimarer Persönlichkeiten"
und der
THÜRINGISCHEN LANDESZEITUNG (TLZ)
für die
gute Zusammenarbeit

Ulrich Völkel
für die Koordination, das
Lektorat und für das zur
Verfügung gestellte
Titelbilde

Dieter Bauhaus
und der
Sparkasse Mittelthüringen
für die freundliche Unterstützung

wtv – weimarer taschenbuch verlag

Irina Lucke-Kaminarz

Hans Lucke

AUGUST HEINRICH HOFFMANN VON FALLERSLEBEN

ALLES SCHÖNE LEBT IN TÖNEN

wtv

Irina Lucke-Kaminarz
Hans Lucke

AUGUST HEINRICH HOFFMANN VON FALLERSLEBEN

Alles schöne lebt in Tönen

ISBN-10 3-937939-68-7
ISBN-13 978-3-937939-68-1

© 2006 wtv - weimarer taschenbuch verlag

w*t*v
weimarer *t*aschenbuch verlag
Marktstraße 2-4, 99423 Weimar
Tel.: +49 (0)3643 811710
Fax: +49 (0)3643 811719
info@weimarertaschenbuch.de
www.weimarertaschenbuch.de

Lektorat: Ulrich Völkel, Weimar

Layout: MEDIENSERVICE MATHIAS KARGE, Erfurt; www.mathiaskarge.de

Alle Titel des Weimarer Taschenbuch Verlags werden in
„Walbaum" gesetzt als Reminiszenz an den bedeutenden
Weimarer Drucker und Schriftsetzer Walbaum.

Das Umschlagbild entstand unter Nutzung eines
Gemäldes von Carl Schumacher (Nationalgalerie Berlin)
und zeigt August Heinrich Hoffmann von Fallersleben
(1798 – 1874) etwa um 1820.

gedruckt in Österreich
Friedrich VDV, Linz

INHALT

Vorwort
7

Hoffmanns erste Bekanntschaft mit Ilm-Athen
13

Erste Erfolge in Wissenschaft und Kunst
17

Politik wider den Geist
27

Verjagt und verfolgt
35

Asyl in Weimar
40

Das „Weimarische Jahrbuch
für deutsche Sprache, Literatur und Kunst"
69

Hoffmann von Fallersleben und Franz Liszt
81

Die Altenburg-Alben
97

Der Neu-Weimar-Verein
118

Die Jahre danach
131

Lebensdaten
136

VORWORT

Weimar besitzt neben dem berühmten Doppeldenkmal der Klassiker vor dem Theater etliche Statuen oder Büsten von Dichtern. August Heinrich Hoffmann wird man vergeblich suchen. Seine Weimarer Zeit wird auch in Biografien nur am Rande erwähnt. Aber war sein Leben in dieser Stadt so unerheblich?

Er fand Asyl in der Residenz und musste wieder gehen, wenn auch nicht als Verjagter. Das Odium des Demokraten hing ihm selbst in dem vergleichsweise liberalen Lande an. Hofkamarilla und ein Großteil der braven Bürger standen ihm misstrauisch gegenüber.

Wenn auch sein Denkmal heute nicht in Weimar steht, so gedenkt die Stadt seiner doch in vielfältiger Weise. Eine Straße ist nach ihm benannt, es gibt ein Gymnasium mit seinem Namen. Und die Sparkasse gab einen Weimartaler zu seinem 200. Geburtstag heraus, der auch in anderer Weise begangen wurde mit Spiel und Rezitation, mit Vortrag und Presseartikeln.

August Heinrich Hoffmann von Fallersleben wurde am 2. April 1798 in Fallersleben, heute zu Wolfsburg gehörend, geboren. Seit 1821 nannte er sich nach seinem Geburtsort.

An meine Heimat dacht' ich eben,
Da schrieb ich mich von Fallersleben.
Ich schrieb's und dachte nie dabei
An Staatszensur und Polizei.

Der Germanist, Volksliedersammler, Dichter und Publizist war eine der vielseitigsten und schillerndsten Persönlichkeiten des 19. Jahrhunderts. Seine Wirkung

7

weit über sein Grab hinaus bezeugen Kinderlieder, die er dichtete, die selbst im Medienzeitalter noch lebendig sind und als Volkslieder gelten. *Alle Vögel sind schon da / Ein Männlein steht im Walde / Winter ade*, etc. ; Studentenlieder hat er verfasst, Liebes- und Heimatlieder sowie vaterländische Gesänge.

1842 veröffentlichte er seine *Unpolitischen Lieder*, die derart den Nerv der Zeit und die Nerven der Herrschenden trafen, dass er Berufsverbot bekam und als Professor von der Universität Breslau verjagt wurde. Heimatlos, steckbrieflich verfolgt, auf die Gastfreundschaft von Freunden und Gleichgesinnten angewiesen, zog er durch die deutschen Lande. Und doch war sein Name bekannt und beliebt im Volke, denn er lehrte im Vormärz mit seinen Liedern die Demokraten das Singen und die Herrschenden das Fürchten. Je härter man gegen ihn vorging, desto populärer wurden seine Texte, die die Gesellschaft zu polarisieren begannen. Ein Vorgang, der an Schicksale von Liedermachern in der DDR erinnert, wo in jenen Jahren ein Hoffmann-Text zur Gegenwartsschilderung werden konnte:

> *Der Dichter ist ein Seher*
> *Er sieht gar gut und weit*
> *Gar besser oft und eher*
> *Das große Spiel der Zeit.*
> *Doch will man nur den Seher*
> *Der nach dem Munde spricht*
> *Zum andern sagt man: Geh er*
> *Zu uns hier passt er nicht.*

Man sollte bedenken, dass auch das von Hoffmann verfasste *Lied der Deutschen*, entstanden 1841 auf der damals noch britischen Insel Helgoland, vollkommen in diesem aufsässigen Geiste geschrieben war. Er bestand gerade angesichts der Zersplitterung des Vaterlandes in viele Zwergstaaten auf der Hoffnung, es werde ein geeintes föderalistisches Land geben in den Grenzen, die einst Walter von der Vogelweide nannte. Es wurde freilich missverstanden und missbraucht als nationalistische Hymne, gerade 1922, als man es zur Nationalhymne erhob. Im Wechsel des Ansehens dieser Strophen – Verbote, Änderungen usw. – spiegelt sich deutsche Geschichte.

Als Wissenschaftler begründete Hoffmann maßgeblich die niederländische Philologie. Als 25-Jähriger wurde er von der Universität Leiden promoviert und habilitierte sich auch dort. Seine gründliche Kenntnis der europäischen Kulturen und Sprachen weisen ihn als Intellektuellen aus, der sich frühzeitig für ein Europa der Regionen engagierte. Europäisches Denken scheint auf in seinen zahlreichen Dichtungen in niederländischer, französischer und lateinischer Sprache. Es ist keineswegs verwunderlich, dass er eine Strophe des *Deutschlandliedes* zunächst auf Niederländisch schrieb.

In diesem Lied findet sich die Sangbarkeit der Hoffmannschen Gedichte ebenso wie in den vielen anderen, die heute noch gesungen werden, ohne dass der Verfasser immer gewusst wird. Die Orientierung der Texte am Volksliedhaften, Volkstümlichen und das Zugrundelegen bekannter Melodien sicherte seinen Versen die rasche und weite Verbreitung. Kein Wunder, dass er im 19. Jahrhundert nach Goethe, Schiller und Heine ein bevorzugter Liederdichter wurde. Seine Texte vertonten Mendelssohn Bartholdy, Schumann,

9

Brahms und Liszt. Auch Friedrich Nietzsche hat ein Gedicht Hoffmanns vertont.

Weimar-Aufenthalte Hoffmanns gab es auf seiner Wanderungen als Student im September und Oktober 1818 und auf seiner Flucht aus Breslau im April 1842. Nach seinem Leben in Weimar von 1854 bis 1860 kam er nochmals 1868, um alte Freunde zu besuchen und um ihre Meinung zu seiner Autobiografie *Mein Leben* zu hören.

Erwähnt seien auch heutige Spuren Hoffmanns in Weimar. Es gibt ein Hoffmann-von-Fallersleben-Gymnasium (seit 1991), das seit 1994 französisch-bilinguale Ausbildung anbietet. Die Direktorin nahm den 200. Geburtstag des Dichters 1998 zum Anlass, mit ihren Schülern und Kollegen sowie mit Studierenden und Mitarbeitern der Bauhaus-Universität Weimar und der „Hochschule für Musik FRANZ LISZT Weimar" ein zweitägiges Fest zu feiern. Schüler malten Hoffmanns Porträt, seine Kinderlieder wurden gesungen, der Redeclub führte fiktive Streitgespräche auf, Weimarer Bürger in zeitgenössischer Kleidung über Hoffmann, Liszt und das *Lotterleben* in der Villa Altenburg, Hoffmanns Briefe an Liszt wurden transkripiert, die Schülerzeitung *Ginkgo* widmete dem Jubilar mehrere Artikel, die Sparkasse Weimar gab als Sonderprägung den 5. Weimartaler *200 Jahre Hoffmann von Fallersleben* heraus. Höhepunkt der Feierlichkeiten war eine Festveranstaltung mit einem multimedialen Projekt der Studenten Martin Bellardi, Michael Falk und Karsten Koch über Hoffmann in Weimar nach der Textvorlage von Irina Kaminiarz, die den Festvortrag hielt. Zu den Gästen gehörten auch Mitglieder der *Hoffmann-von-Fallersleben-Gesellschaft e.V.* aus Wolfsburg-Fallersleben, wie überhaupt die Kontakte zwischen Weimar und Fallersleben recht gut funktionieren. Des 200. Geburtstages Hoffmanns wurde in Fallersleben mit einem internationalen wissenschaftlichen Symposion gedacht, dessen Ergebnisse gedruckt vorliegen.

Im Fallersleben-Museum in Wolfsburg-Fallersleben gab es 2001 einen Vortrag über *Hoffmann von Fallersleben in Weimar*, die Hoffmann-Gesellschaft besuchte ein Jahr später die Stadt an der Ilm, dabei die inzwischen restaurierte *Villa Altenburg* mit der Ausstellung *Franz Liszt, die Altenburg und Europa*.

Auch Hoffmanns Wohnhaus in der Leibnizallee 4 wurde, zumindest von außen, besichtigt. Das Gebäude wurde 1993 von den heutigen Eigentümern in sehr schlechtem Zustand übernommen, denkmalgerecht und mit Liebe zum Detail rekonstruiert sowie um einen kühnen Anbau erweitert. Der 200. Geburtstag Hoffmanns von Fallersleben wurde 1998 von der lokalen Presse in Thüringen, aber auch vom Mitteldeutschen Rundfunk (MDR) mit Wort- und Musiksendungen umfangreich gewürdigt.

Hoffmann von Fallersleben lebte von 1854 bis 1860 in Weimar. Diese Jahre und seine Freundschaft mit Franz Liszt stehen im Mittelpunkt unseres Buches.

Dr. Irina Lucke-Kaminiarz, Hans Lucke
Weimar/Mellingen, im Juni 2006

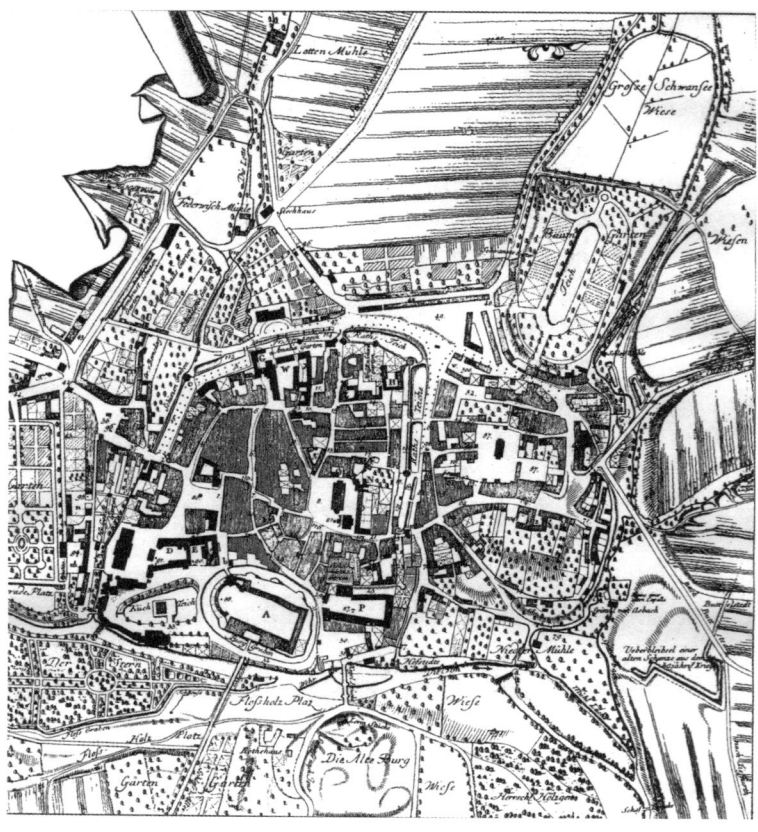

Weimar um 1800. Plan der Fürstl. Saechsischen Residenz Stadt
Weimar gemessen im Jahr 1782.
Aufgenommen von F. L. Gussefeld (Ausschnitt)

HOFFMANNS ERSTE BEKANNTSCHAFT MIT ILM-ATHEN

Um das Jahr 1818 hatte Weimar etwa 8.000 Einwohner. Das alte Theater stand noch. Kotzebue lebte noch. Schiller, Herder und Wieland waren gestorben. Von Goethe, schien es, war kaum eine große Dichtung noch zu erwarten. Im Bewusstsein der Leute herrschte sehr wach das Schreckensjahr 1806 mit Kanonenkugeln, Brand, Plünderung und Not.

Der zwanzigjährige Student August Heinrich Hoffmann besuchte die Residenzstadt 1818, als er in der Semesterpause von Göttingen eine Fußwanderung nach Jena unternahm. An der *Königlich Großbritannischen Universität zu Göttingen* hatte er zwei Jahre zuvor ein Studium der Theologie aufgenommen, war aber bald gewechselt zu klassischer Philologie und Archäologie.

Von seinem Vater, dem Gastwirt Hoffmann in Fallersleben, hatte er zwei Louisdor erhalten für die Reise, die ihn über Kassel führte, wo er die Brüder Grimm kennenlernte. Diese Begegnung gab ihm den entscheidenden Anstoß, sich endgültig der Germanistik zu widmen. Als er in Weimar eintraf, war das Geld so ziemlich alle und die Aussicht auf Einnahmen nahe Null. Dennoch nahm er Logis im Hotel „Elephant" – und konnte es nicht bezahlen. Sein Mittagessen bestand aus einem Pott Kaffee und einem trockenen Brötchen. Zum Glück war der Wirt einverstanden, dass der junge Mann seinen Homer als Pfand zurückließ, um ihn später mit Bezahlung des Zimmers auszulösen. So zog der abgebrannte Wanderer mit zwanzig Pfennigen in der Tasche weiter nach Jena.

13

Goethe zu besuchen, wie es der fast gleichaltrige Heine sechs Jahre später tat, verschmähte Hoffmann; der Geheimrat war dem jungen Studiosus zu altbacken. Man hatte vom Streit um des Professors Lorenz Oken zwei Jahre zuvor gegründete Zeitschrift *Isis* vernommen, die staats- und gesellschaftskritische Artikel publizierte. Womöglich war unter der Hand bekannt geworden, dass Goethe dem Großherzog das Verbot des Journals angeraten hatte, der dem zunächst aber nicht nachkam.

In Jena traf August Heinrich Hoffmann Burschenschafter, die ihn am Rock als Ihrigen erkannten und aufnahmen, ihm wechselnd Quartier boten und ihn durchfütterten. Sie hatten wohl auch gehört von seinen Schwierigkeiten mit der Hannoverschen Polizei, die einige Jugendgedichte, in denen er vaterländische, will heißen: gesamtdeutsche Gesinnung bekundete, übel vermerkt hatte. Nun lernte er den liberalen Herausgeber der umstrittenen *Isis* kennen und fand die Gespräche mit ihm sehr lehrreich und anregend. Oken gefiel der junge Hoffmann aus Fallersleben. Und so kam es, dass dieser es wagte, dem Professor einige Distichen vorzulegen, die er verfasst hatte. Die meisten davon bezogen sich auf deutsche Zustände, besonders in Hannover, einige bespöttelten Goethe. Oken wollte sie gern in der *Isis* bringen, er gab dem erfreuten Jungautor zwei Louisdor mit dem Bemerken, die Verse seien viel mehr wert, aber soviel könne er nicht zahlen. Immerhin war Hoffmann nun in der Lage, auf dem Rückmarsch im „Elephant" seinen Homer auszulösen.

Von einem tieferen Verständnis für Goethes Dichtung kann bei dem jungen Hoffmann kaum die Rede sein. Wenn er später Zeitgenossen kritisiert: *Ein politisch Lied, ein garstig Lied! / So dachten die Dichter mit Goethe'n.* – so übersieht er des Autors Ironisierung der saufenden Philister in *Auerbachs Keller.* Umso mehr preist er Weimar, indem er es mit dem alten Athen vergleicht. Dies nun erstaunt wiederum angesichts des Urteils anderer Reisender, wie etwa das von John Russell: *Weimar ... verdient kaum den Namen einer Stadt. Die Einwohner, eitel wie sie sind auf ihren Ruf, die deutschen Athenienser zu sein, suchen eine Art von Stolz darin, ihren Ort für nichts weiter als ein ansehnliches Dorf zu halten.*

Zu diesem Bild passt die Schilderung der Zurschaustellung von Goethes Leichnam im März 1832, die

Der Carlsplatz (um 1800).
Gezeichnet und gestochen von Andreas Glaeser.

15

eine Zeitzeugin gibt: *Vor Menschenandrang konnte niemand von den Honoratioren dazukommen, bloß das Volk. Sie kletterten bei Hagens über die Mauer und betrugen sich roh und ausgelassen.*

Vielleicht war Hoffmanns angenehmer Eindruck von Ilm-Athen 1854 ein zusätzlicher Grund, das Angebot anzunehmen, das ihn aus Weimar erreichte und aus einer Notlage half. Er richtete sich ein. *Anspruchslos jedoch in der anspruchslosen Umgebung fand ich mich bald heimisch, und die Residenzstadt mit ihrer Bevölkerung ward mir lieb und wert.*

Weimar von Norden aus mit der Thüringischen Eisenbahn. Stahlstich von Unbekannt um 1850.

ERSTE ERFOLGE IN WISSENSCHAFT UND KUNST

Im Jahre 1819 folgte Hoffmann seinem Lehrer Friedrich Gottlob Welcker an die in Bonn neu gegründete preußische Universität und betrieb *vaterländische Studien;* Volkskunde, Sprach-, Literatur- und Kulturgeschichte der germanischen Völker wurden sein Arbeitsgebiet. Zu gleicher Zeit studierten dort Heinrich Heine, Karl Simrock, Justus Liebig und jener Wolfgang Menzel, der später heftige literarische Attacken gegen das *Junge Deutschland* führte und auch Goethe der Entartung, der Demoralisierung und des Egoismus bezichtigte.

Im August des gleichen Jahres fassten unter Vorsitz von Metternich die Minister des Deutschen Bundes strenge Beschlüsse zur Beschränkung der universitären Lehrfreiheit sowie der Pressefreiheit und zum Verbot der Burschenschaften. Zum Anlass nahm man die Ermordung Kotzebues durch einen aus Jena kommenden Studenten, der der Burschenschaft angehörte. Goethe bekannte sich ausdrücklich zu Metternichs Linie. Der Großherzog von Sachsen-Weimar-Eisenach musste sich den Karlsbader Beschlüssen beugen. Eine Folge davon war nunmehr das Verbot von Okens *Isis.* Indessen ließ Carl August Oken die „Wahl", das Blatt einzustellen oder seine Professur zu verlieren. Oken wählte das Letztere.

Hoffmann trat in Bonn der Vereinigung *Allgemeinheit* bei, die die bisherigen Burschenschaftler sammelte. Die Statuten der Burschenschaft versteckte er im Kamin. Sein damaliger Kommilitone Menzel schrieb später: *Er trat diesem Club bei und wurde dadurch sehr auf-*

17

geheitert, denn er war etwas kopfhängerisch und so mädchenhaft sanft, dass es sich gewiss niemand hätte träumen lassen, er würde noch einmal so ein berühmter Revolutionär werden. Wir nannten ihn unter uns immer das Heideblümchen.

In der weiter erscheinenden *Isis* veröffentlichte Hoffmann satirische Epigramme auf die rabiate Politik der Fürsten, die in den Karlsbader Beschlüssen eine Handhabe sahen, ihre persönliche Macht zu bewahren, womöglich zu erweitern. Begriffe wie Vaterland und Deutschland wurden daher zum Synonym für antifeudale Haltung. Seine Lebensaufgabe aber sah er nun im Entdecken, Sammeln und bibliografischen Erfassen der Quellen deutscher Literatur im weitesten Sinne, denn er befasste sich ebenso mit der niederländischen und dänischen. Zu seinen Funden zählen die Bruchstücke vom *Otfried* (Bonn 1821).

Mit einer Hollandreise von April bis Oktober 1821 begannen seine *literarischen Reisen*, die lange Zeit der Erforschung der Kultur der Flamen gewidmet waren. Die nämlich rangen ähnlich wie die Deutschen um ihre Konstitution als Nation. 1823 wurde ihm von der Universität Leiden der *Doctor honoris causa* verliehen. Sein fast zwanzig Jahre später auf der damals britischen Insel Helgoland verfasstes *Lied der Deutschen* weist, wie schon gesagt, vor allem auf die Überwindung der nationalen Zersplitterung, deren Hauptursache die fürstliche Kleinstaaterei war, weniger auf nationalistische Überhebung, für die es später missbraucht wurde. Wobei anzumerken ist, dass Hoffmann nicht frei war von chauvinistischen Neigungen. So meinte er treuherzig, die Nationalität des Deutschen

August Heinrich Hoffmann von Fallersleben.
Stahlstich von Hoffmeister.

sei keine eigensüchtige, feindselige, sondern *das stille reine Streben nach Verwirklichung der Idee des wahren Menschen*. Das 1922 zur Nationalhymne erhobene Lied nennt übrigens die Grenzziehung des Reichs wie Walther von der Vogelweide.

In den zwanziger Jahren des 19. Jahrhunderts bis in die vierziger hinein arbeitete er vor allem wissenschaftlich, sammelte und analysierte Volkslieder, veröffentlichte philologische und volkskundliche Studien über alt- und mitteldeutsche Literatur sowie der niederländischen Sprache und Literatur. Sozusagen nebenbei entstanden volksliedhafte Gedichte, Liebeslyrik und Naturschwärmereien, die unverkennbar von der Spätromantik beeinflusst waren. Sie erschienen unter den Titeln *Lieder und Romanzen* (1821), *Gedichte* (1827), *Lieder für Meieli* (1821 bis 1823), *Frühlingslieder für Arlikona* (1822), *Liebe und Leid* (1829 bis 1832). Heute noch bekannt und gesungen ist sein

Abendlied

Abend wird es wieder:
Über Wald und Feld
Säuselt Frieden nieder,
Und es ruht die Welt.

1821 zog er von Bonn nach Berlin zu seinem Bruder Daniel, der Beamter war im preußischen Finanzministerium. August Heinrich hegte die Hoffnung, eine Anstellung als Bibliothekar zu finden. Trotz emsiger Bemühung und zahlreicher guter Bekanntschaften zog sich das allerdings hin. Vielleicht hat die Kunde von der Leidener Ehrendoktorwürde mitgespielt, dass er 1823 endlich zum Kustos der Zentralbibliothek in Breslau ernannt wurde und vom Preußischen Kultus-minister die Professorenwürde zuerkannt bekam, un-geachtet seiner deutsch-patriotischen Ablehnung der Restaurationspolitik, die auch in Preußen herrschte. Sein Bekanntenkreis wies Namen auf wie Adalbert von Chamisso, Bettina und Achim von Arnim, Georg Friedrich Wilhelm Hegel, Friedrich Karl von Savigny,

August Heinrich Hoffmann von Fallersleben in seiner Weimarer Zeit (1855). Zeichnung von Friedrich Preller d.Ä. im Auftrag des Neu-Weimar-Vereins.

Karl von Clausewitz, Neidhardt von Gneisenau, Christoph Wilhelm Hufeland und andere.

1830 erhielt Hoffmann ein Lehramt für deutsche Sprache und Literatur an der Universität Breslau. 1835 wurde er zum ordentlichen Professor ernannt. Er erkannte rasch, dass die universitäre Bildung auf einer soliden Grundlage beruhen muss, die in den Gymnasien gelegt wird, weil die wenigen Studenten der Germanistik zwar ein Reifezeugnis vorweisen können, aber *im Deutschen ganz unvorbereitet zu den akademischen Vorlesungen über deutsche Sprache und Literaturgeschichte* kommen. 1840 richtete er an das Königliche Ministerium der Geistlichen-, Unterrichts- und Medicinal-Angelegenheiten die Vorschläge:

> *1. An jedem Gymnasium müsste ein Oberlehrer eingestellt werden, der als deutscher Philologe eben solchen Anforderungen in seinem Fach entspräche, als man an den klassischen Philologen macht.*
> *2. Für den deutschen Unterricht müsste eine genügende Anzahl Lehrstunden, zumal in den höheren Klassen festgesetzt werden.*

Einer von Hoffmanns Studenten in Breslau war der junge Gustav Freytag, der später als nationalliberal gesinnter Schriftsteller bekannt wurde, so mit dem Roman *Die Ahnen* oder dem Lustspiel *Die Journalisten*. Er schildert in seinen Lebenserinnerungen eine Vorlesung über Handschriftenkunde, die dem neunzehn Jahre alten Studiosus der Professor Hoffmann als Privatdozent hielt: *Ich war einziger Zuhörer und erhielt eine Stunde in seiner Wohnung. Durch ihn wurde ich in das weite Gebiet der germanischen Altertümer einge-*

führt. Er hatte im Lesen alter Handschriften ehrenwerte Fertigkeit gewonnen, hatte in großen Bibliotheken zu Wien und in Belgien selbst fleißig abgeschrieben, und war bekannt als findig und als behender Herausgeber. War seine Kenntnis altdeutscher Grammatik und die Schärfe seiner Kritik auch nicht vom ersten Rang, er erwies sich doch auf dem ganzen Gebiete seiner Wissenschaft, die damals in ihrer Jugendblüte stand, wohlbewandert. Da ich den Vorteil hatte, daß er sich ausschließlich mit mir beschäftigte, so erwarb ich leidlich Gewandtheit im Lesen alter Urkunden, nachdem ich in der ersten Stunde hilflos vor den langgezogenen Buchstaben der Eingangsworte gesessen hatte; ich las zu Hause deutsche Handschriften des Mittelalters, die er mir lieh, und kopierte für ihn einige Stücke. Da ich ihm durch die Besuche in seiner Wohnung vertraulich wurde, gönnte er mir zuweilen auch Bekanntschaft mit den Gedichten, die er gerade selbst gemacht hatte. Die Einblick in die Werkstatt eines echten Lyrikers war sehr lehrreich. Er las oder sang in herzlicher Freude, seine Augen glänzten und am Schluß suchte er mit einem fragenden „Nun?" nach dem Eindruck.

Es scheint, der Professor wollte seine kaum erst erlangten Pfründe zunächst nicht durch demokratisches Engagement aufs Spiel setzen, weil er sich 1837 in der Öffentlichkeit zurückhielt, als sich ein Protesthagel erhob gegen die rüde Entlassung von sieben Professoren-Kollegen in Göttingen. Die hatten sich verwahrt gegen den Staatsstreich im Königreich Hannover, den sich König Ernst August erlaubt hatte, indem er die wenige Jahre zuvor gesetzte liberale Verfassung abschaffte. Unter den *Göttinger Sieben* waren immerhin Männer wie die Brüder Grimm und Gervinus, die

Hoffmann gut kannte. Der Vorfall bewies einprägsam den Druck, den die Metternichsche Politik nach den Karlsbader Beschlüssen auf alle geistig produktiven Kräfte ausübte. Selbst der Deutsche Bundestag verurteilte die *Göttinger* und gab dem reaktionswütigen König recht.

Dieser Bundestag war ein vages Surrogat für die nach 1815 erstandene Sehnsucht nach Einheit Deutschlands, der im Volk Sagen Ausdruck gaben wie die von der Wiederkehr des Kaisers Barbarossa oder von der Kaiserkrone, die tief im Rheine ruht in Erwartung, dass sie gehoben werde. Hoffmann reimte in den *Unpolitischen Liedern,* die er 1840/41 publizierte:

> *Wenn der Kaiser doch erstände!*
> *Ach! er schläft zu lange Zeit;*
> *Unsre Knechtschaft hat kein Ende*
> *Und kein End' hat unser Leid.*
> *Kaiser Friedrich, auf! Erwache!*
> *Mit dem heil'gen Reichspanier*
> *Komm zu der gerechten Rache!*
> *Gott der Herr er ist mit dir.*

Der Buchtitel mag auch zur Irreführung der Zensur gedacht sein, aber der Leser nimmt ihn ironisch, versteht sofort, dass diese Verse alles andere als unpolitisch sind. Sie artikulieren unverblümt die Opposition gegen preußische Beharrung auf überlebten Zuständen, attackieren Aristokratie, Regierung und Polizei, Zensur und Frömmelei. Der Autor erinnert an ein altes Volksmärchen, um die Stimmung des Volkes wiederzugeben:

Unpolitische Lieder

von

Hoffmann von Fallersleben.

Und ich ging hin zum Engel und sprach zu ihm:
Gieb mir das Büchlein. Und er sprach zu mir:
Nimm hin, und verschlinge es; und es wird dich
im Bauch grimmen, aber in deinem Munde wird
es süß sein wie Honig. Und ich nahm das
Büchlein von der Hand des Engels, und ver-
schlang es; und es war süß in meinem Munde
wie Honig; und da ich's gegessen hatte, grimmete
mich's im Bauch.
Offenbarung St. Johannis 10 9. 10.

Hamburg.

Bei Hoffmann und Campe.

1840.

Von allen Wünschen in der Welt
Nur einer mir anjetzt gefällt,
Nur: Knüppel aus dem Sack!
Und gäbe Gott mir Wunschesmacht,
Ich dächte nur bei Tag und Nacht,
Nur: Knüppel aus dem Sack.

Die Regierenden schätzten – wie üblich – die Stimmung im Volk nicht. Schon gar nicht die Verse, die da fordern Presse- und Literaturfreiheit, die Zensur eine Kulturschande nennen, die gar verlangen: *Mein König, sprich das Wort: Das Wort sei frei!* Doch auch das deutsche Bürgertum bekam satirische Hiebe ab, seine unpolitische Haltung (*Schlafe, was willst du mehr*), seine Ordenssehnsucht, die Untertanendemut vor Fürstenthronen:

Es steht ja in der Schrift geschrieben:
Wir sollen unsre Feinde lieben.
Drum laßt uns beten das Gebet
Für unsres Sultans Majestät!

Die meisten der *Unpolitischen Lieder* sind gut zu singen. Das kam der raschen Verbreitung im Volk sehr zugute. Hoffmann von Fallersleben lehrte die Opposition das Singen.

POLITIK WIDER DEN GEIST

Die Thronbesteigung Friedrich Wilhelms IV. im Jahre 1840 hatte unter den progressiv Denkenden Hoffnungen auf eine liberale Politik geweckt. Bettina von Arnim setzte sich beim König für die Wiedereinstellung der in Göttingen entlassenen Brüder Grimm ein und erwirkte, dass beide nach Berlin berufen wurden. Aber bald erwiesen sich all die schönen Hoffnungen als Seifenblasen. Metternichs repressive Politik der polizeilich geübten Zensur und der strengen Überwachung der Universitäten setzte sich durch. Als 1844 der Weberaufstand in Schlesien ausbrach, bezichtigte man Bettina von Arnim der Anstiftung.

1842 wurde Hoffmann ohne Pension seines Amtes enthoben; bis 1848 zog er umher, stets polizeilich beobachtet, steckbrieflich verfolgt, häufig ausgewiesen, im Königreich Hannover mit Aufenthaltsverbot belegt. Er durfte seine Heimat nicht mehr besuchen.

Auf seiner Fahrt von Breslau nach Köln im April 1842 machte Hoffmann für eine Woche Station in Jena. Sein Kollege Professor Wolff bot ihm Quartier in seinem Hause. Hier traf er unter anderem zusammen mit Friedrich Christoph Dahlmann, dem Kopf der fünf Jahre zuvor geschassten *Göttinger Sieben*, und Jakob Friedrich Fries, der wegen seiner Teilnahme am Wartburgfest der Jenaer Studenten 1817 zwangsemeritiert worden war, nun aber wieder lehren durfte.

Waren diese Begegnungen schon trotz der in Deutschland herrschenden Misere von freundschaftlicher Heiterkeit geprägt, so mochte der Abend, an dem die Studenten den heimatlos gewordenen Dichter einluden und mit ihm seine Lieder sangen, erst recht

Heinrich Heine. Zeichnung
von Samuel Diez um 1842.

Die Brüder Wilhelm (li.) und
Jacob Grimm.

Ferdinand Freiligrath.
Stich von C.A. Schwertgeburt
nach Schramm.

Bettina von Arnim im Alter.
Aquarell mit Tusche
von Carl Arnold, 1859.

ein Ereignis trotzigen Frohsinns geworden sein, bei dem der Wein keineswegs eine Nebenrolle spielte.

Sein Logiswirt Wolff, der Goethe nahegestanden hatte, lud Hoffmann zu einem Tagesabstecher nach Weimar ein. Man besuchte die berühmte Bibliothek, die von Friedrich Wilhelm Riemer geleitet wurde.

Immerhin wurde nun sein Name in ganz Deutschland genannt. Er reiste als singender Agitator, gab sich als Bänkelsänger bei Banketten des bürgerlichen Mittelstands sowie in studentischen Kreisen und wurde als Märtyrer des Liberalismus von ihnen geachtet. Neben Herwegh wurde er der erfolgreichste politische Lyriker im Vormärz. Entschieden trug dazu der Mut des Hamburger Verlegers Campe bei, der die *Unpolitischen Lieder* herausgab und mit beiden Bänden einen Bestseller landete, mit den Honoraren allerdings knauserte.

An Heinrich Heine entdeckte der national denkende Hoffmann *undeutsche Frivolität*, was zu verstehen ist als die Abneigung des bieder reimenden Mannes gegen die spielerisch und virtuos geübte Ironie des Literaten. Hoffmann wollte mit schlichten, eingängigen und vor allem sangbaren Versen wirken, deren wesentliche Motive *Freiheit, Lieb und Wein* auf die gesellige politische Kultur des bürgerlichen Liberalismus zugeschnitten waren. Dieses Bestreben führte freilich auch dazu, dass sich seine Lyrik nicht weiterentwickeln konnte. Wenn man sein Früh- und Spätschaffen vergleicht, stößt man kaum auf Steigerung der dichterischen Qualität. Aber das Orientieren am Sangbaren, das Setzen der Verse auf bekannte Melodien, auf Volksliedweisen und Opernmelodien, verschaffte seinen Vormärzgedichten schnell Popularität. So war er unter den Vormärzpoeten nach Herwegh bald der bekannteste.

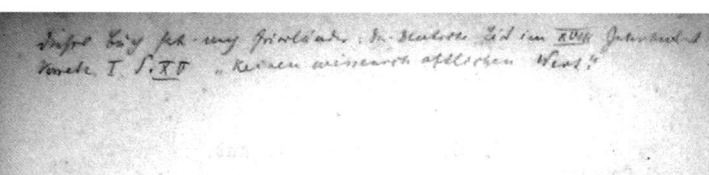

1. Das Lied der Deutschen.

Mel.: „Gott erhalte Franz den Kaiser". Haydn 1797.

Mäßig langsam.

{ Deutschland, Deutschland ü-ber Al-les, ü-ber Al-les in der Welt, }
{ wenn es stets zu Schuh und Tru-he brü-der-lich zu-sam-men-hält, }

cresc.

von der Maas bis an die Me-mel, von der Etsch bis an den Belt —

Vom Chor wiederholt.

Deutschland, Deutschland ü-ber Al-les, ü-ber Al-les in der Welt!

2. Deutsche Frauen, deutsche Treue,
Deutscher Wein und deutscher Sang
Sollen in der Welt behalten
Ihren alten schönen Klang,
Uns zu edler That begeistern
Unser ganzes Leben lang,
|: Deutsche Frauen, deutsche Treue,
Deutscher Wein und deutscher Sang! :|

3. Einigkeit und Recht und Freiheit
Für das deutsche Vaterland!
Danach laßt uns alle streben
Brüderlich mit Herz und Hand!
Einigkeit und Recht und Freiheit
Sind des Glückes Unterpfand. —
|: Blüh im Glanze deines Glückes,
Blühe, deutsches Vaterland! :|

Gedicht von Heinrich Hoffmann v. Fallersleben, am 26. Aug. 1841 während seines Sommeraufenthalts auf Helgoland entstanden und zuerst gedruckt als Flugblatt im Sept. 1841 mit beigefügter Musik Haydn's und Hoffmann's Bildniß in Holzschnitt zu Hamburg von der Verlagshandlung Hoffmann und Campe; dann in Hoffmann's Volksgesangbuch 1848, wo der Verf. in Str. 2, 5 und statt uns seht, welche Lesart in viele Liederbücher überging. — Seit 1870 wurde das gemüthvolle Lied mit der schönen Singweise von Haydn zur deutschen Volkshymne. Sie wird noch jetzt gesungen aus vollen Herzen von Jung und Alt, bei allen patriotischen Gedenktagen und Festversammlungen und wird ein begeisternder Feiergesang bleiben, so lang es überhaupt noch Deutsche giebt, die ihr Deutschland lieben und eingedenk des Schiller'schen Spruches denken und handeln:

Ans Vaterland, ans theure, schließ dich an.
Das halte fest mit deinem ganzen Herzen:
Hier sind die starken Wurzeln deiner Kraft.

Ein Bronce-Denkmal hat man dem Dichter dieser Nationalhymne auf der Insel Helgoland 1891 errichtet: ein Denkmal in den Herzen seines Volkes aber hat er mit diesem Liede sich selbst gestiftet.

———

Sein politisches Programm war nicht radikal, wie etwa das der *Junghegelianer*. Der Philosoph und Publizist Arnold Ruge, weit krasser als Hoffmann verfolgt (Festungshaft und Emigration), spottete: *Könnte der Philister eine Revolution machen, so würde sie Hoffmann machen.* Der aber bekannte dennoch:

Ich sang nach alter Sitt' und Brauch
Von Mond und Sternen und Sonne,
Von Wein und Nachtigallen auch.
Von Liebeslust und Wonne.
Da rief mir zu das Vaterland:
Du sollst das Alte lassen,
Den alten verbrauchten Leiertand,
Du sollst die Zeit erfassen!

Seinem Beispiel folgten Franz Dingelstedt mit *Lieder eines kosmopolitischen Nachtwächters*, Georg Herwegh mit *Gedichte eines Lebendigen*, Adolf Glaßbrenner mit *Verbotene Lieder eines norddeutschen Poeten* und Ferdinand Freiligrath mit *Ein Glaubensbekenntnis*.

Mit vielen Persönlichkeiten des Vormärz' stand Hoffmann von Fallersleben in Verbindung: Robert Blum, Arnold Ruge, Georg Herwegh, Ferdinand Freiligrath; die Redakteure der *Rheinischen Zeitung*, Karl Marx und Friedrich Engels, druckten sowohl seine politischen Gedichte als auch seine Forderungen zur Ausbildung an den Universitäten.

1842 fand indessen Heinrich Heine in einem Brief an den gemeinsamen Verleger Julius Campe *die Gedichte von Hoffmann von Fallersleben spottschlecht, und vom ästhetischen Standpunkte aus hatte die preußische Regierung ganz recht, darüber ungehalten zu sein, schlechte Späßchen, um Philister zu amüsieren bei Bier und Tabak.*

Allerdings beweisen die zahlreichen Kinderlieder Hoffmanns auch deren poetischen Wert. Von den mehr als 400 Gedichten vertonte er einige selbst, andere waren auf Volksweisen oder bekannte Melodien singbar. Komponisten und Musiker, von denen er viele persönlich kannte wie Schumann, Brahms, Mendelssohn Bartholdy, Franz, Silcher, Erk u.a. vertonten sie. Viele dieser Lieder sind bis heute lebendig, ohne dass bekannt ist, dass es sich um Hoffmanns Dichtung handelt, so zum Beispiel: *Alle Vögel sind schon da – Summ, summ, summ, Bienchen summ herum – Kuckuck, Kuckuck ruft's aus dem Wald – Ein Männlein steht im Wald – Der Kuckuck und der Esel – O wie ist es kalt geworden – Winter ade, scheiden tut weh – Morgen kommt der Weihnachtsmann – So sei gegrüßt viel tausendmal – Wer hat die schönsten Schäfchen – Als unser Mops ein Möpschen war.*

Hoffmanns Kinderlieder waren sehr beliebt und werden auch heute noch gern gesungen (oft ohne zu wissen, wer der Verfasser ist).

Hoffmann von Fallersleben tanzt mit Kindern.
Skizze von Philipp von Nathusius

Wer hat die schönsten Schäfchen? – in der Handschrift von Hoffmann von Fallersleben

VERJAGT UND VERFOLGT

Im April 1842 weilte August Heinrich Hoffmann von
Fallersleben auf der Durchreise von Breslau nach
Köln eine Woche in Jena, wo er mit Göttling, Dahlmann, Prutz, Fries und O.L.B. Wolff zusammentraf.
An einem der Abende feierten Studenten den heimatlos gewordenen Dichter, indem sie ihm ein Ständ-
chen seiner Lieder brachten. Am 16. April unternahm
Hoffmann in Begleitung seines Gastgebers Wolff im
Einspänner einen Abstecher nach Weimar, wo sie die
Bibliothek besuchten, die von Friedrich Wilhelm Riemer geleitet wurde. Den beschreibt er so: *Der Mann
mit seinem roten Gesichte und der dicken Nase hat etwas Abschreckendes, eine in Spiritus gesetzte Reliquie
aus Weimars Glanzperiode. Die „Unpolitischen Lieder"
sind angeschafft, die Bibliothekare haben aber die Wei-
sung erhalten, sie nicht auszuleihen. Wird wohl nicht
so streng befolgt sein.*
Hoffmann begriff sich in diesen Jahren gemäß der
Volksliedtheorie der frühen Germanistik als Spre-
cher des Volkes und eines als Sprachnation gefassten
Deutschlands. Er legitimierte sein Schaffen aus einer
Tradition der politischen Lyrik und Polemik seit dem
Mittelalter. In diesem Sinne entstanden seit 1845 auch
die zahlreichen Kinderlieder, die heute mit Recht als
Volkslieder gelten. Lieder für Kinder schrieb er bis
ins hohe Alter, bis wenige Wochen vor seinem Tod. In
Perioden der Depression nach seiner Amtsenthebung
und in der dumpfen Restauration nach 1849 war ihm
das Dichten für Kinder eine Überlebenshilfe.
Die erfolgreiche Verbreitung der Dichtungen Hoffmanns im deutschen Sprachraum wird nicht nur von

Hoffmann von Fallersleben.
Zeichnung von Cäcilie Brandt.

den hohen Auflagen bezeugt, auch die zahlreichen Vertonungen seiner Texte sprechen davon. Im neunzehnten Jahrhundert waren seine Verse nach Goethe, Schiller und Heine die am meisten in Musik gesetzten. Das *Lied der Deutschen*, von ihm gedacht auf Haydns Kaiserhymne, wurde siebzehn Mal vertont. So schlug die Verfolgung Hoffmanns durch die preußische Reaktion letztlich um in eine hohe Popularität des dichtenden Professors.

Die Lieder anfangs der vierziger Jahre hatte er für ein neues Geschlecht bestimmt; *denn von dem jetzigen erwartete ich nichts mehr.* Folgerichtig nahm er an der Revolution von 1848 nur zeitweilig Anteil. Immerhin hatte die den Amnestie-Erlass des preußischen Königs zur Folge, in dem es heißt: *Vergebung all denen, die wegen politischer oder durch die Presse verübten Vergehen und Verbrechen angeklagt und verurteilt worden sind.* So kam der verjagte Hochschulmann zu einem Wartegeld von 375 Talern jährlich mit der Bedingung, dass er seinen Wohnsitz in Preußen habe. Endlich wurde ihm die ersehnte Heirat mit seiner um dreißig Jahre jüngeren Nichte Ida zum Berge möglich.

In den Anfangsmonaten des Jahres 1852 versuchte sich Hoffmann erstmals an Libretti, die aber keinen Komponisten fanden. Er schrieb seine erste Prosaarbeit *Das Parlament zu Schnappel*, alles in allem die Bemühung, aus der politischen Lyrik zu anderen Formen zu finden. Die Auseinandersetzung mit dem Scheitern der Revolution und den kläglichen Disputen um eine Reichsverfassung findet ihren Niederschlag in dem *Nachlass der hochseligen Nationalversammlung*, wo es heißt:

Verzeichnis der nachgelassenen Gegenstände und Effekten:

2000 Ballen Professorenweisheit und Zopfgelehrsamkeit

1500 Ballen abgedroschene Phrasen und unverdauliche Redensarten

500 Ballen stenographische Phrasen, aufgenommen über das, was die Reichsversammlung nicht getan hat.

Die Grundrechte des deutschen Volkes defekt und zerrissen, aber noch brauchbar zu Tüten

Die Reichsverfassung dito

Das Embryo eines deutschen Kaisers, in Spiritus gesetzt.

1 Partie constitutioneller Schlafröcke für die deutschen Untertanen, gefüttert mit fürstlichen Versprechungen.

1 Partie Schlafmützen dito für die Männer des Centrums.

Hoffmann hatte, bei allem publizistischen Erfolg, den Preis zu zahlen für *die Störung von Ordnung und Ruhe.* Der einmal verjagte Professor konnte in keinem anderen deutschen Staate mehr Anstellung finden, neununddreißig Mal wurde er aus Ländern ausgewiesen, sein Steckbrief hing auf fast allen deutschen Polizeistationen aus. 1853 lautete er:

Alter 54 Jahre, Größe 6 Fuß 3 Zoll, Haare und Augenbrauen blond, Stirn frei, Augen blau, Nase länglich, rotblonder Kinnbart, Gesichtsfarbe blaßgelb.

Hoffmann maß also beachtliche 196 Zentimeter Länge und fiel darum schon auf, wo immer er hinkam.

Er fand zunächst mit seiner Frau Asyl bei Freunden in Mecklenburg, aber gegen den Willen der Regierung von Mecklenburg-Schwerin. Sein Versuch, eigenes Wohnrecht in dem Städtchen Brüel zu erlangen, schlug fehl.

Mit dem befreundeten Gutsbesitzer entwarf Hoffmann Anfang März 1848 zwanzig Forderungen des mecklenburgischen Volkes. Er fuhr nach Hamburg, um sie drucken zu lassen. Dort hörte er von den Barrikadenkämpfen in Berlin. Die Nachricht mochte Hoffnungen in ihm wecken, denn seine Lage war auch nach dem Amnestie-Erlass des Königs, der ihm das Wartegeld beschert hatte, noch bitter genug. Er erwartete die Wiedereinsetzung in seine Professur. Aber diese Hoffnung war allzu kühn. Sie blieb unerfüllt.

Auf der Volksversammlung zu Güstrow wurden die Forderungen einhellig begrüßt, einer der Deputierten war Fritz Reuter. Doch die Hochstimmung verflog bald, die alten Zustände stellten sich wieder her. Hoffmann wurde aus Mecklenburg ausgewiesen.

Er lebte in Bingerbrück am Rhein, dann in Neuwied, nördlich von Koblenz, immer bespitzelt und schließlich ausgewiesen. Bei der verzweifelten Suche nach dem rettenden Ausweg aus dieser niederdrückenden Unsicherheit half ihm wiederum Bettina von Arnim, die selbst von der preußischen Polizei observiert wurde. Sie warnte ihn vor einem Treffen auf preußischem Boden, weil das sofort in Berlin den Verdacht der Geheimbündelei wachrufen würde.

39

ASYL IN WEIMAR

Es war um die Mitte des 19. Jahrhunderts keine Einzelerscheinung, wenn sich in einer Residenzstadt ein aristokratischer Musenhof bildete, fand sich doch das aufstrebende Bürgertum bereits in Literarischen Vereinen zusammen. In München übte König Maximilian II. ein erfolgreiches Mäzenatentum, das auch Felix Dahn anzog. Die Dichter Friedrich Bodenstedt, Emanuel Geibel, Paul Heyse und Graf Adolf Friedrich von Schack berief der König in die *Kunststadt.* Doch Weimar war unterdessen zum *Musenwitwensitz* (Heine) herabgesunken.

Erbgroßherzog Carl Alexander stand in engen Beziehungen zu Maximilian. Angeregt durch seine Mutter, die musisch gebildete und interessierte Zarentochter Maria Pawlowna, mühte er sich mit Energie, dem *Goldenen Zeitalter* der Klassikerstadt ein *silbernes* folgen zu lassen. Er hatte im dänischen Märchendichter Hans Christian Andersen einen berühmten Mann gefunden, der Interesse bekundete, sich womöglich fester an die Stadt Goethes, Schillers und Herders zu binden.

Franz Liszt, einer der bedeutendsten Klaviervirtuosen und Komponisten, wurde bereits 1842 zum Großherzoglichen Kapellmeister ernannt und lebte seit 1848 in der Stadt. Carl Alexander bemühte sich auch um Friedrich Hebbel und Paul Heyse. Im Zusammenwirken mit König Maximilian bereitete Carl Alexander das Nationaldenkmal Goethes und Schillers vor, das ein schon länger bestehendes Komitee beförderte; Humboldt, Varnhagen, Schinkel, Schelling und der Bildhauer Rauch gehörten diesem an.

Liszt hatte aus Anlass der Enthüllung des Herder-Denkmals (1850) mit Ouvertüre und Chören zu Herders

Großherzog Carl Alexander
von Sachsen-Weimar.
Pastell von B. Woltze

Großherzogin Sophie
von Sachsen-Weimar.
Gemälde von Ch. Verlat

Entfesseltem Prometheus einen vielbeachteten Akzent
gesetzt. Er dirigierte wenige Tage später, anlässlich
des 101. Geburtstags Goethes, die Uraufführung von
Wagners *Lohengrin* im Hoftheater Weimars – zu wel-
cher der Komponist nicht anreisen konnte, weil auch
ihm ein königlich-sächsischer Steckbrief galt. Liszt
schuf, einem Aufruf Berliner Künstler von 1849 folgend,

41

mit *De lat Fondation Goethe á Weimar* (Entwurf einer Goethe-Stiftung in Weimar) das entscheidende geistige Konzept eines *Silbernen Zeitalters*, das für die Musik ein *Goldenes* wurde. Weimar konnte ein zweites Mal, wenn auch in anderer Weise, zu einem Zentrum europäischer Geistesgeschichte werden. Mit der Etablierung Liszts, gefördert durch Maria Pawlowna, begann der Aufstieg der Stadt zu einem Zentrum der musikalischen Avantgarde Europas. Dies war die Situation, die Hoffmann bei seinem Einzug in Weimar vorfand.

Den regierenden Großherzog Carl Friedrich hatte Bettina von Arnim zunächst vergeblich gebeten, dem entamteten Professor Hoffmann in Weimar mit einer Bibliothekarstelle eine Existenzmöglichkeit zu geben.

Das Großherzogliche Hoftheater in Weimar. Blick von der Bühne in den Zuschauerraum.

Als im Juli 1853 Carl Alexanders Vater Carl Friedrich nach fünfundzwanzig Jahren Regierung starb, sah sie im Nachfolger auf dem Großherzogsthrone eine Chance für Hoffmann. Sie richtete sehr bald einen Brief an Carl Alexander, mit dem sie bereits länger korrespondierte und daher um seine Pläne einer Weimarer kulturellen Renaissance wusste, wie sie auch in dessen Mutter Maria Pawlowna eine verständnisvolle Förderin der Künste kannte. Die Privatschatulle der Großfürstin, die aus dem reichen Sankt Petersburg in das vergleichsweise ärmliche Thüringische Land gekommen war, bildete eine ebenso wesentliche Grundlage für das Mäzenatentum des Thronfolgers wie die Mitgift seiner Frau Sophie, die aus dem wohlhabenden Hause der in den Niederlanden herrschenden Oranier stammte. Das Großherzogtum Sachsen-Weimar-Eisenach unterschied sich in dem Jahrzehnt zwischen 1849 und 1859 recht vorteilhaft von anderen deutschen Staaten, weil hier die konstitutionelle Monarchie Realität war, so weit denkbar.

Der junge Kapellmeister Richard Wagner hatte in Weimar vorübergehend Unterschlupf gefunden, als er 1849 aus Dresden flüchten musste wegen seiner Beteiligung an den revolutionären Unruhen.

Franz Liszt wurde großzügig geholfen von Maria Pawlowna, als er mit der Fürstin Sayn-Wittgenstein in Weimar Asyl suchte, die aus Russland zu fliehen gezwungen war wegen des Verdachtes des Zaren, mit polnischen Aufständischen zu konspirieren.

Maria Pawlowna kaufte die Altenburg (keine Burg, eine große Villa in Weimar), um die Fürstin einigermaßen standesgemäß unterzubringen. Liszt wohnte im Nebengebäude, offiziell aber im *Hotel Erbprinz*.

Die fürstliche Großzügigkeit trug jedoch dazu bei, das Misstrauen anderer Regierungen gegen Weimar zu bekräftigen, das ohnehin in Dresden und Berlin den Ruf genoss, *das Kolorit von 1848* zu tragen.

Doch die hochfliegenden Pläne des jungen Großherzogs stießen in Anbetracht der wirtschaftlichen Rückständigkeit des Landes auf Widerstand bei der Hofbeamtenschaft, beim Landtag und vor allem im Staatsministerium, dem der aus Sachsen kommende liberal gesinnte Freiherr von Watzdorf vorstand. Hinzu kam, vor allem bei den Hofräten, der Schauder vor steckbrieflich gesuchten Demokraten.

Die Altenburg
nach einer Zeichnung von Friedrich Preller d.Ä.

Bettina von Arnim blieb hartnäckig und sie fand lebhafte Unterstützung bei Liszt, der 1842 einen Text von Hoffmann vertont hatte und jetzt bei dem Fürsten einen ganz besonderen, beinahe freundschaftlichen Stand einnahm. Watzdorf fragte vorsichtig erst einmal in Berlin an, ob man ungehalten sein würde, wenn der geschasste Professor in Weimar aufgenommen würde, und erhielt die Auskunft, dass es dort nicht interessiere. Darauf stimmte er einer Aufnahme Hoffmanns und seines Kollegen Oskar Schade in Weimar zu, legte allerdings Wert auf die Feststellung, dass die Sache eine rein persönliche des Großherzogs sei. Bei der Antrittsaudienz Hoffmanns warnte er diesen ausdrücklich vor jeder *Teilnahme an politischen Dingen.*

Bettina von Arnim hatte schon 1842 Carl Alexander, damals noch Erbgroßherzog, geschrieben: *Sie sagten von Weimar, dass es durch den Kreis von großen Männern, die es beherbergte, einst die Fülle des Geistes über Deutschland verbreitet hat, und Ihr liebster Wunsch sei, diese Zeit möge wiederkehren.*

Die finanziellen Möglichkeiten des wirtschaftlich unbedeutenden Landes setzten hochfliegenden Plänen Grenzen. Inzwischen kostete Kunst auch einiges mehr als zur Zeit der Klassik. Sowohl Watzdorfs Staatsministerium als auch der Landtag lehnten umfangreichere Finanzierungen mit der Begründung ab, dass *Kulturleistungen nicht auf Kosten des Landes angestrebt werden können, welches zu 99/100 von diesem Ruhm keinen Gewinn zieht und an demselben nicht den geringsten Anteil nimmt.*

Großherzogin Maria Pawlowna

Die Privatschatulle Maria Pawlownas, die des Großherzogs und seiner Gemahlin Sophie sowie die Hofkasse
waren die Hauptquellen des Weimarischen Mäzenaten-
tums. Die Stadt, vor allem aber die Regentenfamilie,
sollte durch das Heranziehen bedeutender Künstler
der Zeit wieder zu Weltgeltung kommen. Das gelang
zunächst mit Liszt und seinem Freundeskreis, bis diese die eng gezogenen Grenzen deutlich spürten. Dann
freilich, Ende der fünfziger und Anfang der sechziger
Jahre, verließen Peter Cornelius, Hans von Bülow,
Hoffmann von Fallersleben und Franz Liszt Weimar.
Es gelang trotz großer Bemühungen nicht, Hans Christian Andersen, Friedrich Hebbel, Paul Heyse, Adolph
von Menzel und Moritz von Schwindt in Weimar sess-
haft werden zu lassen. Karl Gutzkow, Franz Lenbach
und Arnold Böcklin kamen zwar, blieben aber nur
kurze Zeit.

Wenn Hoffmann von Fallersleben hier eine relativ
gute, sichere Heimstatt fand, so weniger ob der Anerkennung seiner poetischen oder philologischen Leistungen wegen, als vielmehr der Beharrlichkeit Bettina
von Arnims und Franz Liszts.

Ab Dezember 1853 bis zum April 1854 liefen alle
Verhandlungen, Hoffmann und Schade betreffend,
über den Oberbibliothekar Schöll, der auch die Leitung des Weimarer Kunstinstituts innehatte und mit
dem Spitznamen *Wächter am Heiligen Grabe der klassischen Literatur* belegt war. Auch Franz von Schober
und Franz Liszt wurden durch Carl Alexander einbe-
zogen.

Schöll, der sich später zu einem heftigen Gegner
des *Neu-Weimar-Vereins* entwickelte, hat sich redlich
in dieser komplizierten Sache bemüht; kompliziert,

47

Franz Liszt. Gemälde von Richard Lauchert.

weil die Aufnahme des Vormärzdichters und entamteten Professors bei den meisten Hofbeamten auf Widerstand stieß und obendrein zwischen Hoffmann und Schade Differenzen auftraten, die sie in recht peinlich wirkenden Briefen an den Weimarer Hof auszutragen suchten.

Vom 5. bis 9. März 1854 war Hoffmann in Weimar bemüht, seine Übersiedlung vorzubereiten, die *Weimarische Zeitung* meldete, der Professor sei im *Erbprinz* abgestiegen. Schon am ersten Tag führte er Gespräche mit den Hofräten Schöll und Schober und dem Gymnasialdirektor Sauppe.

Nun lernte er endlich auch Franz Liszt persönlich kennen, der in diesem Hotel 1848 mit dem Flüchtling Richard Wagner Freundschaft geschlossen hatte. Im Vertrauen auf diesen Mann konnte er nun den Umzug mit seiner Familie nach Weimar vorbereiten. Das Weimarische Ministerium fühlte bei den preußischen Behörden behutsam vor.

Bettina von Arnim ließ sich regelmäßig durch Schöll über den Stand der Verhandlungen berichten und erhielt von ihm den Rat, sich beim König von Preußen einzusetzen, dass Hoffmann sein Wartegeld auch in Weimar beziehen könne: Es war ja an die Bedingung geknüpft, dass der Empfänger seinen Wohnsitz in Preußen habe. In Berlin pochte man aber auf diese Bedingung. Hoffmann versuchte vergebens, im preußischen Erfurt Wohnrecht zu erlangen. In dem Dorf Teltenberg bei Naumburg, das ebenfalls preußisch war, schaffte er es, sich pro forma als Einwohner anzumelden. Nun konnte er sein karges Wartegeld empfangen und sein Logis im *Goldenen Adler* bezahlen. Dieser Schikane wegen musste Hoffmann immer wieder in jenes Dorf reisen, um dem Schein nach seinen Wohnsitz zu behaupten. Liszt brachte den Mut auf, den beargwöhnten Professor dort zu besuchen. In den *Altenburg-Alben* erinnert Hoffmann sich dankbar.

Ida Hoffmann, geb. zum Berge. Zeichnung von Friedrich Preller d. Ä. Der 51 Jahre alte Hoffmann schrieb über die 18-jährige Ida, Tochter seiner Schwester Auguste: *„Ich sah sie wieder! Sie trat in unendlicher Freud mir entgegen ... "*

Auf der Altenburg an der Saale

7. Oktober 1854

Im Goldnen Adler bei Eisentraut
Hab' ich mir ein trauliches Nest gebaut.
Unendlich ländlich,
Aber allzeit reich an Gemütlichkeit
...

Willkommen, denn du hast den Mut gefasst,
Zu sein unser Gast.
Und Wind und Regen nicht hast gescheut,
Kennen zu lernen was uns erfreut
Dass es nicht ist eine schlimme harte Welt,
Wo ich beziehe mein Wartegeld.
...

Du sollst vergessen wo du bist,
Welches Altenburg das rechte ist
...

Franz Liszt verschaffte dem Asylanten Hoffmann zwei Audienzen beim Großherzog, deren Resultat der Abschluss eines Vertrages über die Herausgabe des *Weimarischen Jahrbuches für deutsche Sprache, Literatur und Kunst* war, das Hoffmann und Schade redigieren sollten. So konnte der über Jahre gehetzte Mann anreisen in dem Gefühl, endlich eine Bleibe mit einer sinnvollen Aufgabe gefunden zu haben. Weimar mit seiner Bevölkerung schien dem nun Vierundfünfzigjährigen lieb und wert. Er bemerkte:

51

Die öffentlichen Gebäude, selbst die mancherlei Neu-
bauten haben nichts Großartiges, nichts Ansprechen-
des, ja nicht einmal einen Stil. ... Es wandelt sich ganz
gut auf dem leidlichen, aber reinlichen Pflaster, man
wird nirgends behelligt vom Pferdegetrappel und Wa-
gengerassel und von einem wühligen Menschengedrän-
ge; auch vermisst man recht gern so manches, was ei-
nen in anderen Städten oft unangenehm berührt oder
belästigt. Ich habe nie einen leerstehenden Wagen auf
der Straße bemerkt, an dem nicht bei Eintritt der Dun-
kelheit eine Laterne hing, habe nie einen betrunkenen
Menschen, nie eine Schlägerei oder Rauferei gesehen,
nie einen pöbelhaften Lärm gehört, nicht einmal den
sonst pflichtmäßigen Ruf des Nachtwächters oder sein
schreckenerregendes Horn und bin nie in der Stadt ei-
nem Leichenzuge begegnet. Vornehm und Gering ging
anständig seines Weges, war fast immer freundlich, ar-
tig und höflich und schien Wohlgefallen zu haben an
der schönen Natur und Kunst und sich gern im Freien
zu ergötzen. Es machte einen wohltuenden Eindruck,
wenn man sah, wie alle öffentlichen Anlagen geschont
wurden, wie jede Blume, jeder Strauch und Baum vor
Frevel sicher war, und wie sogar die Vögel bei Schnee
und Kälte sich der liebenden Teilnahme unserer Nach-
barn zu erfreuen hatten und täglich ihr Mittagsmahl
empfingen. Daneben war nun freilich viel Philisterei
und Residenzlerei und im Bürgerstande viel Zopf: Der
Zunftzwang und das Privilegium hemmten alle freie
Bewegung und allen Mitbewerb im Handel und Ver-
kehr und hielten allen Unternehmungsgeist nieder.

Die Eheleute wohnten zunächst in der Schützengasse,
aber dort wurde es bei Einbruch des Winters unge-
mütlich. Sie sahen sich um nach einer anderen Bleibe,

fanden jedoch jede halbwegs zusagende Wohnung in der Stadt besetzt. Endlich besahen sie eine, die ihnen recht schien, am Kasernenberge (heute Leibnizallee 4), die zwar geräumig, aber sehr abgenutzt war. Die Inhaberin, eine Witwe, hatte keine Mittel sie wohnlich machen zu lassen und so mussten die Hoffmanns selber die Kosten tragen. Im unfreundlichen Monat November konnten sie einziehen und fühlten sich bald wohl, obgleich die Hauptzimmer nach Norden lagen. Dafür bot diese Wohnung einen schönen Blick zum Schloss und zum Park und vor allem lag sie nahe der Altenburg, dem Domizil Liszts und seiner Lebensgefährtin Carolyne von Sayn-Wittgenstein.

Am Kasernenberg wurde auch Hoffmanns Sohn Franz Friedrich Hermann geboren, benannt nach seinen Paten Franz Liszt, Friedrich Preller und Hoffmanns Schwiegervater, dem Pastor Hermann zum Berge. Er sollte das einzige der vier Kinder der Familie Hoffmann bleiben, das überlebte. Franz Hoffmann-Fallersleben (1855-1927) studierte später an der Weimarer Kunstschule, u.a. von 1874 bis 1879 bei Theodor Hagen. Er wurde Landschaftsmaler und Mitglied des *Weimarer Radiervereins*. Seine Grabstätte befindet sich auf dem Historischen Friedhof Weimars. Gemälde und Zeichnungen Hoffmann-Fallerslebens kann man u.a. in Berlin, Weimar und in Wolfsburg-Fallersleben sehen.

Hoffmann bekam zu spüren, dass seine politische Gesinnung aus der Vormärzzeit in Weimar nicht übersehen wurde. Im Tagebuch notiert er Weihnachten 1854: *Essen auf der Altenburg, dort wird erzählt, also von Maltitz hat gesagt: Wenn ich gewusst hätte, dass der Hoffmann nach Weimar kommt, hätte ich einen*

Fußfall vor der Großfürstin getan, um dieses Unglück abzuwenden. Herr von Maltitz war der russische Geschäftsträger am Hofe zu Weimar.

Bereits im Mai des Jahres hatte Hoffmann im Zusammenhang mit dem Erscheinen des *Weimarischen Jahrbuchs für deutsche Sprache, Kunst und Literatur* in seinen Lebenserinnerungen festgehalten: *Die adlige und bürgerliche Kamarilla hatte sich wirklich alle mögliche Mühe gegeben, den Großherzog zu bewegen, seine guten Absichten in bezug auf mich rückgängig zu machen, ja es wurde meine ganze Vergangenheit ausgebeutet, um meine etwaige literarische Tätigkeit und am Ende mich selbst zu beseitigen. Alles wurde benutzt,*

Wohnhaus Hoffmanns in der heutigen Leibnizallee 4 (Gartenseite).

54

oben: Musiksalon in der Altenburg (2. Etage) mit Liszts „Riesen-Pia-noforte" und Mozarts Klavier.
unten: Biobliothek und Musiksalon (1. Etage) mit Liszts Erard-Kon-zertflügel und Beethovens Flügel der Firma „Broadwood & Sons".

den Großherzog gegen mich zu stimmen, so daß er den Wunsch gegen Herrn Hofrat Sauppe aussprach, mein Name möchte nicht auf dem Titel stehen.

Was hier formuliert wurde, bestimmte in gewisser Weise die Atmosphäre am Hof und in der Stadt, bildete den Boden für Häme und Intrigen gegen Hoffmann hinter dem Rücken seiner fürstlichen Protegés. Dagegen sahen viele seiner früheren Freunde aus der Zeit des Vormärz ihn als Abtrünnigen. So antwortete Rudolf Müller, der ihm in Mecklenburg über viele traurige Jahre hinweg geholfen hatte, auf Hoffmanns Einladung zu einem Besuch in Weimar, er wünsche ... *keine Vergnügungsreisen und am wenigsten nach Weimar. Ja, wenn man sich dort allein sehen könnte. Man kommt ja aber, man mag wollen oder nicht, unter diese ganze arschleckende Schwafelbande von Künstlern und Literaten und muss am Ende Großherzogs auch noch 'ne Visite machen, nee, mein Junge, dat geit for Rudolf Müllern nich! Darauf bin ich nicht geschnitten. Ich mögte dich dort, in deiner jetzigen Stellung als Hofdemagoge auch gar nicht sehen!*

Des Mecklenburgers Sicht war wohl etwas verbiestert. Der engstirnig-muffigen Kleinstadtatmosphäre zum Trotz fand sich Hoffmann in einem Freundeskreis, der Künstler von Rang umfasste, für die keineswegs die *Schwafelbande*-Verdächtigung zutreffen konnte. Er führte sich als Dichter wie als Philologe ein mit den Franz Liszt gewidmeten *Liedern aus Weimar* und einer Neuausgabe der *Geschichte des Kirchenliedes*, zugeeignet dem Großherzog. Sein Umgang war fast ausschließlich der des Freundeskreises der Altenburg, aus dem der *Neu-Weimar-Verein* entstand. Seine Beziehung zu Hofe war beschränkt auf das Allernötigste, er sah sich bald in der Rolle des lediglich Geduldeten, daran änderten seine dem Großherzog gewidmeten Werke und gelegentliche Spruchdichtungen nichts.

Nach drei Jahren ging auch das *Weimarische Jahrbuch* ein und damit fand er sich wieder sozial am Rande, seine Existenz ungesichert. Im Tagebuch resümiert er am 16. September 1857:

Um 11 Uhr bei Liszt langes Gespräch. ... Was mit Hoffmann anfangen? hatte endlich der gnädigste Herr gesagt. Liszt hatte erwidert: eine Empfehlung nach Berlin vom hiesigen Hof würde ihm den Weg zu einer guten Professur bescheren. – Gut das soll geschehen! Soll die Antwort gewesen sein. – Aus dem ganzen Gespräch geht hervor, dass kön[igliche] Hoheit mich nie hat hier haben wollen, auch nie daran dachte, mich hier zu behalten – und das haben wir schon lange gewusst.

Die Stimmungen und Intrigen hinter dem Rücken des Fürsten hatten das Ihre beigetragen, die Haltung des Herrschers zu bestärken, der eher Berühmtheiten bevorzugte wie Hans Christian Andersen, Paul Heyse oder Friedrich Hebbel, mit denen er korrespondierte und bei persönlicher Begegnung freundschaftlich umging. Diesen gegenüber konnte er sich wohl auch in politischer Hinsicht unbefangener geben als zu Hoffmann, gegen den 1853 erneut ein Steckbrief ergangen war. Außerdem mag eine Rolle gespielt haben, dass die anderen Herren keine finanziellen Ansprüche erhoben. So teilte Hoffmann bereits im Dezember 1856, als das Eingehen des Jahrbuches absehbar wurde, Liszt in einem Briefe mit: *Fallen die 500 Taler weg, so muss ich meinen hiesigen Aufenthalt aufgeben und mit meinem kleinen Wartegeld und den wenigen Zinsen, die ich seit Jahren mit Müh und Not erzielt habe, wieder leben wie in Neuwied, an einem Orte, wo es möglich wird, dass auch meine Frau etwas verdienen kann.* Ida Hoffmann war ausgebildete Klavierlehrerin.

Dem Freundeskreis auf der Altenburg war bekannt, dass Hoffmann bereits 1856 einen Weggang aus Weimar in Betracht zog. Alte Freunde aus dem Vormärz hatten sich ohne Erfolg um sein Unterkommen in Karlsruhe und Offenbach bemüht, Alexander von Humboldt hatte sich ebenso in Berlin für ihn eingesetzt. Viele Tagebuchaufzeichnungen Hoffmanns belegen, dass der Alltag in Weimar für ihn und seine Familie nicht eben leicht und zunehmend durch materielle Not und soziale Bedrückung gezeichnet war, obwohl sich Liszt immer wieder bei Hofe für eine Verbesserung der pekuniären Situation des Dichters und Philologen einsetzte.

Tagebuchnotizen:

27. März 1857
Wenn es doch einmal warm würde. Unser Holz ist bis auf wenige Stücke verbrannt.

7. Januar 1859
Unsere Wintervorräte sind aufgezehrt: Wir haben keine Kartoffeln, keine Steckrüben, keine Äpfel – nichts.

Er musste zusehen, wie Frau und Kind froren, dass sie sich nicht satt essen konnten. Folgerichtig wurden ausgerechnet die Festtage aus Anlass des hundertsten Geburtstages von Carl August mit der Einweihung des Goethe- und Schillerdenkmals von Ernst Rietschel im

September 1857 für Hoffmann ein deutlicher Verweis auf seine Position am Rande, als nur noch Geduldeter, er wurde völlig übergangen.

Selbstverständlich waren zur feierlichen Enthüllung des Denkmals die Nachkommen Goethes und Schillers, Wielands und Herders als Ehrengäste geladen, quasi die lebenden Zeugen der Verbindung des Weimarer Hofes zur klassischen Literatur. Daneben aber auch die zeitgenössischen Literaten Hans Christian Andersen, Berthold Auerbach und Franz Brendel, der Redakteur der *Neuen Zeitschrift für Musik*, die von der *Neudeutschen Schule* als Podium genutzt wurde.

Großherzogliche Haupt- und Residenzstadt Weimar von der Südwest-Seite, gezeichnet und gestochen von Andreas Glaeser um 1850.

Hoffmann von Fallersleben, immerhin noch wohlbekannt als Versemacher, der bedeutende Komponisten gefunden und mit seinen Liedern die Marktplätze

erreicht hatte, musste abseits stehen. Dass er sich
brüskiert fühlte, kann man ihm nicht verübeln, auch
nicht, wenn man seine durchaus vorhandene persönliche Eitelkeit in Betracht zieht. So wird sein Gedicht
Weimars 3. Und 4. September 1857 zur bitteren Ab-
rechnung all seiner mit diesem Ort und dem Großherzogtum verbundenen Hoffnungen.

> *Gestern sahen wir's und heute,*
> *Jedem ward es augenscheinlich,*
> *Alles Machwerk kleiner Leute*
> *Ist erbärmlich stets und kleinlich.*
> *Zu verehren große Meister*
> *Kann man nicht den Pfuschern wehren;*
> *Nun, so mögen kleine Geister*
> *Auch die Großen festlich ehren.*

> *Das war kein Fest- und Freudenzug.*
> *Es war, als wenn man zu Grabe trug*
> *Ein Mitglied vom Gemeinderat,*
> *Der das Beste wollt' und das Gute tat,*
> *In Flor das städtische Wesen brachte,*
> *Sich hoch verdient um die Bürgerschaft machte,*
> *Der Witwen und Waisen sich sehr annahm*
> *Und so zu Ehren und Ansehn kam.*
> *Da war kein Trompeten- und Hörnerklang,*
> *Da war kein Hurra, kein Jubelgesang,*
> *Da schlug vor Freuden kein Menschenherz,*
> *Es lag auf allen Gesichtern der Schmerz,*
> *Als hätt' uns ein großes Leid betroffen*
> *Und zerschmettert unser größtes Hoffen.*
> *Man dacht' an Werthers Leiden, wie es schien:*
> *„Handwerker trugen zu Grabe ihn."*

Das war das Programm der traurigen Leute,
Die nichts auf Erden noch recht erfreute;
Sie hätten, stünd es in ihrer Macht,
Längst alle Poesie zu Grabe gebracht.

Einmal muß doch abgeschlossen
Unsre Glanzperiode sein:
Darum stehn in Erz gegossen
Weimars Dichter insgemein.
Darum lasse sich auch niemand
Weiter hier als Dichter sehn:
Goethe, Schiller, Herder, Wieland
Sind genug fürs Ilm-Athen.
Will ein Dichter nur durchreisen,
Gut, der mag willkommen sein,
Und man wird ihm Ehr' erweisen,
Lädt ihn gar zu Hofe ein.
Aber weilen mag er nimmer,
Nirgend winkt ein wirtlich Haus,
Selbst aus jedem Dichterzimmer
Schaut die Prosa jetzt heraus.

O Goethe-Schiller-Literatur!
O Geisterkultus ohne Geisterkultur!
Was wird man dereinst von uns noch sagen,
Von unsern ideenreichen Tagen,
Dass wir nichts Bessres verstanden zu treiben,
Als über Goethe und Schiller zu schreiben!

Welch krasser Gegensatz liegt in diesen Versen zu den Erwartungen Hoffmanns, die er in den *Spruchdichtungen* ausdrückt, die dem Großherzog noch 1854 gewidmet sind:

Daß sich Männer von Geist und Gesinnung finden
Und sich zu geistiger Innung verbinden
Und nimmer verzagen und nimmer erschlaffen,
In Kunst und Wissenschaft Gutes zu schaffen,
Daß man nicht mehr Weimar die Stadt der Toten heißt,
Sondern künftig Weimar
Als Stadt der Lebendigen preist!

Das Goethe-Schiller-Denkmal
von Ernst Rietschel wurde am 4. September 1857 eingeweiht.

Ihm schwebte vor, seinen Rang neben Liszt zu behaupten in der ersehnten Verbindung von Geist und
Macht. Bei allem Verständnis für Hoffmanns Enttäuschung muss man gleichwohl sagen, dass das *Septem-
berfest vom 3. bis 5. September 1857* zum 100.Geburts-
tag Carl Augusts Dank des Engagements Liszts zum
künstlerischen Ereignis, zum *Kunstfest* wurde. Am
3. September fand die feierliche Grundsteinlegung
zum Denkmal Carl Augusts, am 4. September vor dem
Theater die Einweihung des Goethe-Schiller-Denkmals
statt, später von Hans Christian Andersen sensibel be-
schrieben. Ein Festumzug bot für alle etwas. Am Abend
gab es eine Festvorstellung mit Szenen aus Goethes
Egmont und *Torquato Tasso* mit Marie Seebach und
Emil Devrient. Den Höhepunkt bildete das Festkon-
zert unter der Leitung Liszts mit außerordentlichem
Symbolgehalt für die Weimarer Kulturgeschichte:

*1. An die Künstler, für Soli, Männerchor und Or-
chester (Schiller/Liszt)*
*2. Die Ideale, Symphonische Dichtung nach Schil-
ler (Liszt)*
*3. Gruppe aus dem Tartarus (Schiller/Schubert)
bearbeitet für Männerchor von Carl Stör*
*4. Über allen Gipfeln ist Ruh, nach Goethe, Solo-
Quartett (Liszt)*
*5. An Schwager Kronos, (Goethe/Schubert) für
Männerchor, bearbeitet von Carl Stör*
*6. Eine Faust-Symphonie in drei Charakterbildern:
1. Faust, 2. Gretchen. 3. Mephistopheles und Cho-
rus mysticus aus Faust, 2. Teil (Uraufführung),
nach Goethe (Liszt)*
7. Weimars Volkslied (Cornelius/Liszt)

Weimars Volkslied wurde zur Grundsteinlegung des Carl-August-Denkmals am heutigen Platz der Demokratie bereits am 3. September uraufgeführt. Es war auf Anregung Carl Alexanders entstanden und Liszt hatte sich wegen eines Textes an Hoffmann gewandt. Dessen *Heil dem Fürstenhause, Heil* – entsprach weder den Intentionen des Fürsten noch denen des Komponisten, so dass Liszt einen Text von Peter Cornelius zugrunde legte. *Von der Wartburg (Weimars Volkslied)* erklang auch zur Einweihung des Wieland-Denkmals am 4. September 1857. Die Schöpfer der Goethe-, Schiller, Herder- und Wieland-Statuen, Ernst Rietschel, Ferdinand von Miller, Ludwig Schaller und Hanns Gasser wurden am 4. September mit der Ehrenbürgerwürde der Stadt ausgezeichnet.

Mit den Septemberfeierlichkeiten 1857 deuteten sich auch andere Kräfteverhältnisse in Weimar an. Der Generalintendant des Hoftheaters, Franz von Dingelstedt, mühte sich zunehmend mit Erfolg, den Einfluss Liszts auf die Kultur- und Kunstangelegenheiten zurückzudrängen. Hoffmann bekam dies am eigenen Leib zu spüren. Seine Existenzbedingungen verschlechterten sich, weil es Liszt kaum noch möglich war, sich für ihn bei Hofe einzusetzen. Hoffmann sah sich genötigt, sich umzusehen nach einer neuen Lebensgrundlage, also weg von Weimar zu kommen.

Marie von Hohenlohe-Schillingsfürst, die Tochter Carolynes von Sayn-Wittgenstein und Franz Liszt, standen ihm zur Seite bei diesem Bemühen. Es gelang ihnen, ihm eine neue Chance zu vermitteln. Im Oktober 1859 konnte sich Hoffmann der Aussicht auf die Stelle eines Bibliothekars auf Schloss Corvey erfreuen. Der Herzog von Ratibor, in dessen Familie die

Tochter Carolynes eingeheiratet hatte, war der Besitzer von Schloss Corvey.

Im Januar 1860 stellte sich Hoffmann von Fallersleben dort vor und erfuhr Einzelheiten zu dem Angebot. Er schrieb darüber im März an Ferdinand von Freiligrath: *Ich verlasse Weimar ... Der Herzog von Ratibor hat mir die Verwaltung der dortigen Bibliothek übertragen. Ich bekomme hier Wohnung im Schlosse, 10 Klafter Buchenholz und ein Jahresgehalt. ... Wir freuen uns, dass wir sorgenfrei und in einer schöneren Gegend wohnen können ... Es ist mir recht lieb, dass ich endlich dieses Residenzdorf, diesen Tummelplatz der hungrigen kleinlichen Hofräte, verlassen kann.*

Mit welchen Plänen und Hoffnungen hatte er in diesem *Residenzdorf* einst Wohnung genommen! Nun waren davon nur Trümmer übrig. Dennoch – einige großartige Freunde hatte er gefunden, vor allem Liszt, und

Das neue Rathaus. Kolorierter Stich von Eduard Lobe.

darum wurde ihm der Abschied schwer, trotz aller Enttäuschung und guter Aussichten auf bessere Zeiten.

In Weimar hatte er seine sprachwissenschaftlichen Forschungen weitergeführt, vor allem sein philologisches Hauptwerk *Horea belgicae* fortgesetzt, daneben aber auch andere philologische Arbeiten geleistet. Er brachte weitere Sammlungen von Volks- und Kinderliedern heraus und nicht zuletzt trug er Wesentliches bei für das *Weimarische Jahrbuch für deutsche Sprache, Literatur und Kunst.*

Nebenprodukte der Weimarer Jahre sind seine Trinksprüche – Gelegenheitsgedichte und Huldigungsverse, die vor allem im *Neu-Weimar-Verein* und bei den frohen, geistig anregenden Abenden auf der Altenburg vorgetragen wurden, auch Kinderlieder, die er für seinen Sohn Franz schrieb.

Seine im Vormärz geprägte Grundhaltung hatte Hoffmann nicht aufgegeben, er war kein Höfling geworden, wie Rudolf Müller besorgte, doch wagte er kaum noch, sie in der alten Weise zu artikulieren. Vom Hofe hatte man ihm unmissverständlich zu verstehen gegeben, dass man dies nicht wünsche, zudem hatten sich die deutschen Verhältnisse in politischer wie literarischer Hinsicht sehr verändert. Das Hegemoniestreben Preußens äußerte sich zunehmend klarer, das zum literarischen Realismus neigende Trachten der *Jungdeutschen Literaten* gewann an Bedeutung.

In den Artikeln des *Weimarischen Jahrbuches* indessen, in gewissen sozialkritischen Passagen der Gelegenheitsgedichte sowie in einigen Versen Hoffmanns der Jahre 1857 bis 1859 ist der Geist des Vormärz' durchaus zu spüren. Besonders deutlich wird diese

Tendenz nach dem offensichtlichen Bruch mit der
großherzoglichen Kulturpolitik.

Zweifellos wirkte hier auch die neue politische Entwicklung in Deutschland ein, die Bemühungen der
Länder des Deutschen Bundes seit 1859, die das Streben nach Einheit am Bild des Deutschen Zollvereins
kennzeichnete, womit ein vorsichtiges Einräumen
von Möglichkeiten der Opposition einherging. Hoffmann behielt vielleicht zu eng seine Vormärzdenkart
bei, was bei ihm einen mehr oder weniger diffusen
Fortschrittsglauben zur Folge hatte, in dem sich die
Frage der Nationalstaatlichkeit verband mit ausge-
sprochen nationalliberalen Wertvorstellungen. Immerhin bildeten die Jahre in Weimar für Hoffmann
einen markanten Höhepunkt in seinem Leben, auch
wenn sein Abschied in einer Stimmung der enttäusch-
ten Hoffnungen stattfand. Er hatte diese Zeit mit umfangreicher wissenschaftlicher Arbeit und in relativer
Sicherheit mit seiner Familie verbringen können, vor
allem aber in einem einmaligen Freundeskreis, dessen Mittelpunkt Franz Liszt war.

Am 31. März 1869 schrieb er an Josef Rank, der aus
Weimar schied und Sekretär am Wiener Hoftheater
wurde: *Die Altenburg war für mich ein Eiland voller
sonniger Frühlingstage, heiterer Geselligkeit, liebender
Teilnahme und wohltuender Anerkennung und Anregung.* Und an Karl Gräf: *Ja, unsere schönen Tage liegen
in Weimar begraben.*

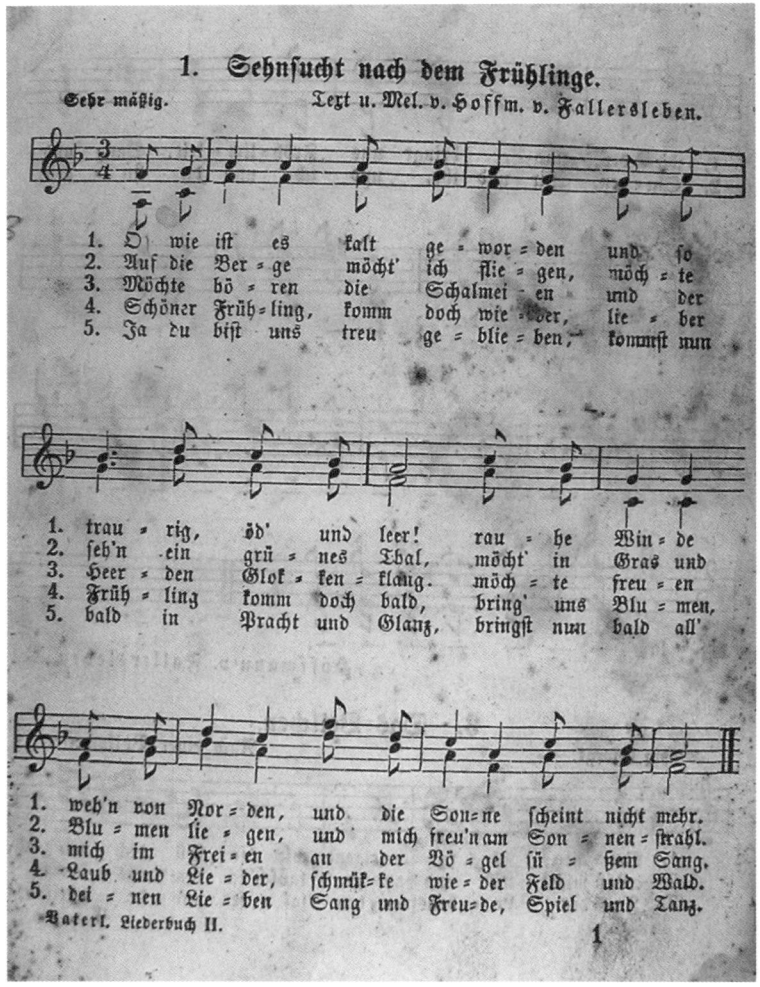

1. Sehnsucht nach dem Frühlinge.

Sehr mäßig.   Text u. Mel. v. Hoffm. v. Fallersleben.

1. O wie ist es kalt ge = wor = den und so
2. Auf die Ber = ge möcht' ich flie = gen, möch = te
3. Möchte hö = ren die Schalmei - en und der
4. Schöner Früh = ling, komm doch wie = der, lie = ber
5. Ja du bist uns treu ge = blie = ben, kommst nun

1. trau = rig, öd' und leer! rau = he Win = de
2. seh'n ein grü = nes Thal, möch't in Gras und
3. Heer = den Glok = ken = klang. möch = te freu = en
4. Früh = ling komm doch bald, bring' uns Blu = men,
5. bald in Pracht und Glanz, bringst nun bald all'

1. weh'n von Nor = den, und die Son=ne scheint nicht mehr.
2. Blu = men lie = gen, und mich freu'n am Son = nen = strahl.
3. mich im Frei = en an der Bö = gel sü = ßem Sang.
4. Laub und Lie = der, schmük=ke wie = der Feld und Wald.
5. dei = nen Lie = ben Sang und Freu=de, Spiel und Tanz.

Vaterl. Liederbuch II.   1

68

DAS „WEIMARISCHE JAHRBUCH FÜR DEUTSCHE SPRACHE, LITERATUR UND KUNST"

Die Idee des *Weimarischen Jahrbuchs*, vor allem aber die Realisierung in Weimar unter Carl Alexanders Obhut, stammte von Oskar Schade. Von Bonn schrieb er Ende Oktober 1853 an Hoffmann nach Neuwied: *Setzen Sie alles in Bewegung, damit Sie dorthin kommen. Eine bessere und (was die Hauptsache ist) unabhängigere Stellung können Sie nie erreichen.* Schade wollte das Unternehmen nur zusammen mit Hoffmann starten und fand, *der Großherzog will Weimar durchaus zu einem literarischen Mittelpunkte für Deutschland wieder machen: das ist wohl und schön, und solche Leute muss man sich warm halten.*

Die Einschätzung Schades ist recht enthusiastisch, aber der Bezug auf die Literatur allein zeugt von einer etwas einäugigen Sicht auf die Pläne des Großherzogs und seiner Mutter Maria Pawlowna. Die nämlich umfassten mehr als die Literatur, sie beruhten vor allem auf der Musik; die Rolle Franz Liszts kann nicht hoch genug veranschlagt werden. Weimar sollte eine kulturelle Renaissance überhaupt bewirken.

In diesem Zusammenhang war dem *Jahrbuch für deutsche Sprache, Literatur und Kunst* auch eine Rolle zugedacht, aber keineswegs die primäre. Doch ergab sich für Hoffmann und Schade sehr wohl die Möglichkeit, mit einzuwirken auf die umfänglichere Aufgabe, die Weimar gestellt war, zuerst durch Liszt schon 1849/50 mit seinem programmatischen Entwurf *De la*

Fondation-Goethe à Weimar, der auf die bedeutende Rolle nationaler Kultur im zersplitterten Deutschland zielte. Sie brachten ihrerseits einen Entwurf unter dem Titel *Zur Goethe-Stiftung* ein, Liszts Konzept war ihnen unbekannt. Es gab auch einen weiteren Vorschlag von Diesterweg und Göbel, der vor allem die pädagogische Seite berücksichtigte: *Goethe-Stiftung nach den Anforderungen der Gegenwart.*

Hofrat Adolf Schöll, Bibliothekar und Leiter des Weimarer Kunstinstituts, brachte einen Gegenentwurf ein zur Konzeption Liszts und wurde protegiert von der Großfürstin Maria Pawlowna, der vermutlich das Maß an geistiger Freiheit, wie es von Liszt als selbstverständlich betrachtet wurde, nicht überein kam mit aristokratischen und insbesondere russischen Interessen.

Liszts Bestreben galt dem Aufschwung aller Künste in Deutschland. Hoffmann und Schade wollten das Ihre einbringen im Erhalten und Verbreiten literarischer Traditionen, im Anknüpfen an Überliefertes. Sie wollten mit ihren Vorschlägen und Forderungen dem Großherzog ein Ideen-Angebot reichen, das den Boden für ihr eigenes Wirken bereiten sollte.

Die Schrift gliederte sich in drei Teile. Erstens: *Herauszugebende literarische Werke*, zweitens *Gründung eines literarischen Vereins,* drittens *Gründung einer Bibliothek.* Der letzte Punkt meinte vor allem den Aufbau einer Forschungsbibliothek, verbunden mit einem Archiv. Er wurde erst gegen Ende des 19. Jahrhunderts umgesetzt. Der vorgeschlagene *Literarische Verein* sollte den Namen *Goethe-Stiftung* tragen und für Weimar werden, *was der Palmorden in seinen besten Bestrebungen für Deutschland war.*

Dieser *Orden*, auch *Fruchtbringende Gesellschaft* geheißen, gegründet 1617 im Schloss zu Weimar, hatte im 17. Jahrhundert Wesentliches geleistet zur Pflege und Erhaltung der deutschen Sprache. Bekannte Dichter wie Martin Opitz, Andreas Gryphius und Friedrich von Logau gehörten ihm an.

Die neue *Goethe-Stiftung* sollte *die wissenschaftlichen und künstlerischen Kräfte in Weimar zu einer freien Einigung* bringen, in wechselseitiger Anregung und in Unterstützung aller wissenschaftlichen und künstlerischen Leistungen. Als *herauszugebende literarische Werke* schlugen Hoffmann und Schade zu allererst vor:

Die *Weimarische Zeitschrift für Deutsche Sprache und Literaturgeschichte*, zweitens das *Weimarische Taschenbuch für deutsche Literaturgeschichte*, gedacht für einen breiteren Leserkreis zu Belehrung und Unterhaltung. Zum Dritten stand der *Weimarische Musenalmanach* in Vorschlag, der eine Auswahl der besten Artikel in den beiden zuvor genannten Publikationen enthalten sollte.

Obendrein wurde ein Nationalwerk konzipiert mit dem Titel *Das berühmte Weimar.* Darin sollten publiziert werden die *wohlgetroffensten Bildnisse in Holzschnitt berühmter Weimaraner und zu Weimar in Beziehung getretener Männer, also die berühmten Fürsten Weimars, Generäle, Gelehrte, Staatsmänner, Dichter und Künstler ... sowie deren Lebensbeschreibung, Würdigung ihrer Leistungen und Autographe.* Ein Programm, das durchaus geeignet sein mochte, dem Ansehen des Fürstenhauses zu dienen, das nicht die Mittel besaß, all diese ehrgeizigen Pläne in die Tat umzusetzen.

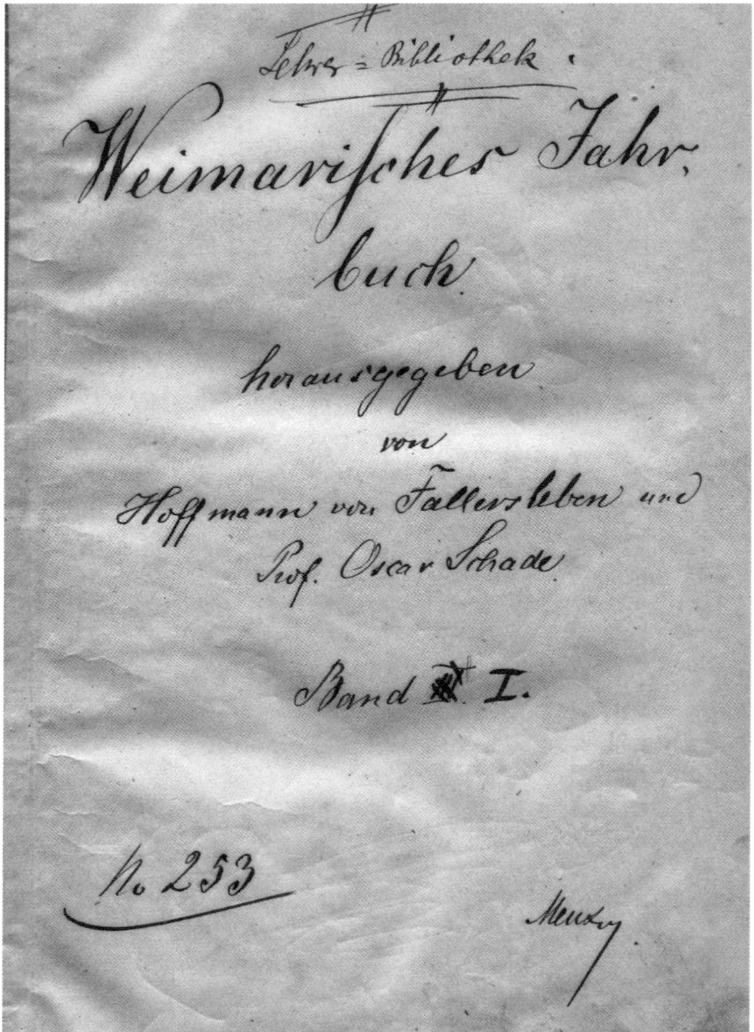

Lehrer = Bibliothek.

Weimarisches Jahr-
buch.

herausgegeben

von

Hoffmann von Fallersleben und
Prof. Oscar Schade.

Band I.

No 253

Menzy.

Verwirklicht wurde lediglich das *Weimarische Jahrbuch für deutsche Sprache, Literatur und Kunst,* das insgesamt mit elf Heften in sechs Bänden erschien, finaziert aus der Schatulle des Großherzogs mit jährlich tausend Taler; die freilich dem Spender förmlich abgebettelt werden mussten, wie aus dem Briefwechsel Liszts mit Carl Alexander zu ersehen ist.

In konzeptioneller Hinsicht war das *Weimarische Jahrbuch* eher ein Konglomerat der vier eigentlichen Publikationsvorhaben, also von vornherein problematisch. Hinzu trat das Problem der bald aufbrechenden und sich steigernden Zwistigkeiten zwischen Hoffmann und Schade. Die Korrespondenzen mit Weimarer Hofräten und dem Verleger Rümpler lassen ahnen, wie beide sich gegenseitig auszuspielen versuchten. So Schade über Hoffmann an Hofrat Schöll: *Er wollte bloß sogenanntes Interessantes, d.h. was ihm interessant war und möglichst wenig Arbeit machte. Von strengen sprachlichen Untersuchungen, Mitteilungen von Quellen (durch die ja solche eine Zeitschrift allein dauernden Wert behalten kann) im Sinne Jacob Grimms und Lachmanns wollte er gar nichts wissen, schimpfte auf letzteren fürchterlich – mit einem Worte, er wollte das zu einem Sammelplatz (um nicht zu sagen Spucknapf) machen von allerhand leichtem Zeug á la Prutz und Gutzkow.*

Schon vor Antritt in Weimar war Hoffmann leicht verschnupft über Schades Handeln ohne Absprache mit ihm. Der nämlich hatte schon im Januar 1854 mit dem Großherzog abgesprochen, dass er mit dem Professor die Zeitschrift, das Taschenbuch und den Musenalmanach erarbeiten werde. Hoffmann schrieb, *daß Schade die Bettinasche Idee für sich ausgebeutet und sich selbst zum Knotenpunkt dieser weimarischen Beförderungsaussichten gemacht hatte, wurde mir immer klarer.*

Schade wollte das Jahrbuch zu einem Podium philologischer Forschung entwickeln, seine eigentlichen Interessenten sah er in wissenschaftlich ambitionierten Germanisten. Hoffmann von Fallersleben war dagegen eher pragmatischem Vorgehen zugeneigt, zog die Absatzmöglichkeiten in Betracht, wünschte einen weiten Kreis von Lesern. Diese unterschiedlichen Grundauffassungen wurden zunächst mit einem Kompromiss berücksichtigt: Vom dritten Bande an zeichnete Hoffmann jeweils für das erste, Schade für das zweite Heft verantwortlich.

Über die Querelen und Probleme äußerte sich Hoffmann im Dezember 1856 in einem Briefe an Liszt:

... Die ganze Jahrbuchangelegenheit ist eine ... verfehlte Sache, denn die großen Kosten, die damit verbunden sind, und die viele Mühe, die ich wenigstens davon gehabt habe, stehen in keinem Verhältnisse zu dem bisherigen Erfolge – wie Rümpler neulich schrieb, waren zur Ostermesse nur drei Exemplare bestellt, und der ganze Absatz belief sich noch nicht einmal auf 100 Exemplare.

Das Dilemma hatte mehrere Ursachen. Die Zwistigkeiten der Herausgeber waren dem Unternehmen nicht förderlich, aber es mangelte auch an der ursprünglich zugesicherten Unterstützung. So wurde die Zusage des Großherzogs nicht eingehalten, dass im ersten Band des Jahrbuches der Briefwechsel zwischen Carl August und Goethe veröffentlicht werden dürfte, was dem Journal einen ungewöhnlich großen Anfangserfolg gesichert hätte. Die versprochene finanzielle Sicherung – 1000 Taler jährlich – wurde durch Bittgänge erreicht.

Einen Themenkreis bilden Artikel, die an Positionen der Jahre 1848/49 anknüpfen, ein anderer ist den Weimarer Traditionen gewidmet, zum Teil finden sich da Absätze, die den Standpunkt der *Jungdeutschen* spiegeln, teils auch stellen sie rein biedermeierliche Unterhaltungslektüre dar. Bemerkenswert sind vor allem seine Studien zur Germanistik und zur Volkskunde.

Der zweite Band wird deutlich geprägt von der Erinnerung an Vormärz und bürgerliche Revolution von 1848/49. Man reproduzierte die Steckbriefe auf Heinrich Heine von 1844 und 1850, vollständig abgedruckt wird die Rede Jacob Grimms über den *Adel in der deutschen Literatur,* die er in der Frankfurter Nationalversammlung hielt. Er wies an Hand der Leistungen in Literatur und Geistesgeschichte seit der Renaissance nach, dass der Adel keinen moralischen Machtanspruch mehr habe, da die bedeutendsten Arbeiten seit dem Mittelalter von Bürgerlichen erbracht wurden. Zum Adelsstand Goethes und Schillers formuliert Grimm: *Es war ein Raub an ihrem Bürgertum, dass man ... ein ‚von' an ihren Namen klebte.*

Überflüssig zu betonen, dass Hoffmann mit derlei Publikationen seine Position in Weimar keineswegs erleichterte, zumal schon das bloße Zitieren des aus Göttingen gejagten Grimm genügte, Unwillen zu erregen. Doch Hoffmann griff auch in anderen Artikeln auf historische Stoffe zurück, deren Bezug zu Vormärzideen nicht zu übersehen war. In der *Geschichte des deutschen Kirchenliedes* wies Hoffmann nach, dass auch Kirchenlieder Träger sozialer Ideen waren, dass

INHALT.

	Seite.
I. August Buchner. Von H. v. F.	1
II. Über das Verhältniss Thüringens und Hessens zur deutschen Litteratur. Von A. Koberstein	40
III. Zur Litteratur Fischarts. Sonette. Mitgetheilt von Dr. O. Schade	60
IV. Ein Pasquill aus der Zeit des 30jähr. Krieges. Mitgetheilt durch Oscar Schade	66
V. Klopfan. Ein Beitrag zur Geschichte der Neujahrsfeier von Oskar Schade	75
VI. Die Musik. Kurze Darstellung ihres Wesens und ihrer geschichtlichen Entwickelung. Von Dr. Karl Emil Schneider	148
VII. Die ältesten deutschen Sprichwörtersammlungen. Von H. v. F.	173
VIII. Liederbuch der Frau von Holleben. Von H. v. F.	187
IX. Sechs ungedruckte Briefe von Martin Opitz. Veröffentlicht von Friedrich W. Ebeling	193
X. Die deutschen Sprachverderber (Nachtrag zum Jahrb. 1. Bd. S. 296.) Von Ludwig Erk	206
XI. Findlinge. Von H. v. F.	210
1) Dietrich von dem Werder	211
2—4) Friedrich von Logau	212
5) Elisabeth, Markgräfin von Baden	213
6) Sonntagsthee bei Herder	219
7) Bürger's Nothgedrungene Nachrede	220
8) Schiller über die Minnelieder	224
9) Schiller's Brief an die Gräfin Purgstall	225
10) Kotzebue's Portrait	226
11) Sonnenberg's Tod	227
12) Immermann an M. Beer	229
13) Heinrich Heine. Steckbrief	230
XII. Die älteste deutsche Räthelsammlung. Von H. v. F.	231
XIII. Ein Liebesbrief. Mitgetheilt von H. v. F.	236

sie diese Ideen verbreiteten und daher von der institutionellen Theologie überwacht wurden; nicht wenige solche Lieder wurden als ketzerisch verleumdet und fielen dem kirchlichen Verbot anheim.

Einen weiteren Themenkreis im *Weimarischen Jahrbuch* bildeten die geistigen Traditionen der Residenz. Hoffmann schrieb unter anderem über die *Fruchtbringende Gesellschaft*, die 1617 im Schloss zu Weimar gegründet wurde und Wesentliches leistete zur Pflege und Erhaltung der deutschen Sprache im 17. Jahrhundert; die Dichter Martin Opitz, Andreas Gryphius und Friedrich von Logau gehörten ihr an. Hoffmann berichtete über Goethes Einschätzung von Arnims und Brentanos Volksliedersammlung *Des Knaben Wunderhorn,* brachte Mitteilungen über bis dato unveröffentlichte Briefe Herders.

Mit seinen Publikationen über das *Gesellschaftsbuch* aus der Zeit von Herzog Wilhelm IV. leistete er einen bemerkenswerten Beitrag zur eben erst entstehenden Barockforschung. Als Ausgleich für seine vormärzlichen Abschweifungen ließ er auch seine Trinksprüche auf den großherzoglichen Protektor drucken. Einen gewissen literarischen Unterhaltungswert hatten Beiträge wie *Sonntagstee bei Herder, Der Tabak in der deutschen Literatur* oder die Beschreibung von Goethes Statur nach Ernst Moritz Arndt; dazu kamen neue *Xenien aus Weimar* auf Heine, Freytag, Heyse, Stifter und das *Junge Deutschland,* in Geist und Form anknüpfend an die streitbaren Xenien des *Musenalmanachs* von 1797.

Etliche Arbeiten befassten sich mit der Pflege der deutschen Sprache, warnend vor einer drohenden Überfremdung, doch angemahnt durch die Darstellung aus historischer Sicht.

Auch hier folgte Hoffmann seiner Überzeugung, das Jahrbuch müsse Absatz finden, indem Beiträge unterhaltender Kontinenz eingefügt wurden, so die philologischen und volkskundlichen Aufsätze *Das Complimentierbüchlein* vom Jahre 1634 und *Die ältesten Sprichwortsammlungen* oder *Die älteste deutsche Rätselsammlung.* Auch das *In dulci jubilo nun singet und seid froh. Zur Geschichte der deutsch-lateinischen Mischpoesie* kann man dazu zählen und vor allem die Betrachtungen über das Rotwelsch, wo es heißt:

Rotwelsch ist die Sprache der Räuber, Gauner, Landstreicher und Bettler. Rot bedeutet im Rotwelschen Bettler ... Dieses Rotwelsch ist ein Mischmasch, ein echtes Kauderwelsch, eine wahre Spitzbubensprache ... aber es verdient dennoch alle Beachtung von Jedem, der sich für Sprachforschung und Sittengeschichte interessiert.

Hier einige Beispiele aus dem aufgeführten Vokabular:

Galgennägel – Möhren, gelbe Rüben.
Ratsrutscher – Bürgermeister
Wunneberg – schöne Jungfrau
Waldstromer – Forstbeamter
muffen -- riechen
fetzen (facere) – arbeiten
schwenzen – gehen
stoßen – stehlen, rauben.

Eine Veröffentlichung aus der *Weimarischen Liederhandschrift* vom Jahre 1535 griff ebenfalls philologische und volkskundliche Probleme auf; mit der Publikation *Unsere volkstümlichen Lieder* erwies er sich erneut als grundlegender Wissenschaftler, als der er seit seiner Arbeit über die Schlesischen Volkslieder galt. So lässt sich alles in allem sagen, dass Hoffmann von Fallersleben in der Herausgabe des *Weimarischen Jahrbuches* durchaus eine Möglichkeit sah, den Ideenkampf für eine bürgerlich-nationale Entwicklung zu führen und die offizielle Kulturpolitik zumindest mit einem Teil der Veröffentlichungen zu unterlaufen. Was ihm in seiner Lyrik zu äußern nun strikt untersagt war, versuchte er in seinen wissenschaftlichen und publizistischen Arbeiten unterzubringen. Wie wenig ihm diese Situation behagte, seufzte er im September 1854:

> *Wie es andere früher machten,*
> *Muß ich forschen Tag und Nacht.*
> *Nur an fremden Blüten laben*
> *Darf sich jetzt mein Herz und Sinn,*
> *Und im Reichtum solcher Gaben*
> *Fühl' ich erst, wie arm ich bin.*

Trotz aller Misshelligkeiten zwischen Hoffmann und Schade, trotz der Schwierigkeiten in den Beziehungen zum Landesherrn und Mäzen hat das *Weimarische Jahrbuch für Deutsche Sprache, Literatur und Kunst* Bedeutendes geleistet. Es wurden der Literaturwissenschaft wesentliche Quellen erschlossen, zur Volksliedforschung interessante Ergebnisse erbracht und zur Literatur des 17. Jahrhunderts wie auch der klassischen und romantischen Literatur grundlegende Erörterungen vorgelegt. Mit den neuen *Xenien* gelang ein Versuch, in die Zeitgenössische Literaturdebatte einzugreifen.

Hoffmann von Fallersleben (nach einem Bild im Genelli-Zimmer der Weimarer Gaststätte „Goldener Adler").

HOFFMANN VON FALLERSLEBEN UND FRANZ LISZT

Franz Liszt nahm warmen menschlichen Anteil an dem Lebens- und Leidensweg des Vormärzdichters Hoffmann von Fallersleben, an einer Persönlichkeit, die ihn interessierte. Ein Mann, der über Jahrzehnte politischen Anfeindungen, niedrigsten Intrigen und sozialer Erniedrigung ausgesetzt war und dennoch seine persönliche Würde wahrte, seine Menschlichkeit und seinen Humor behielt, musste ihn anziehen. Hoffmanns Güte, Verständnis und Zuwendung, die er Freunden in schwieriger Lage entgegenbrachte, war für den berühmten Pianisten und Komponisten gewiss ebenso einnehmend wie dessen oft befreiend wirkender Humor, mit dem er immer wieder depressive Stimmungen im Freundeskreis der Altenburg aufzuheben verstand. Das bezeugen Liszts Worte vom April 1860, als der Dichter Weimar verließ: *Die schönsten Stunden, die ich hier verlebt, habe ich Dir mit zu verdanken.*

Hoffmann, dreizehn Jahre älter als Liszt, bildete in der ihm wohl nicht eben vertrauten Umgebung mit den Schülern des Maestro so etwas wie einen Festpunkt. Darin lag für Liszt vor allem der Wert dieser Freundschaft, die er nicht zuletzt zu festigen suchte mit all seinem Einsatz für den am Hofe unbeliebten Hoffmann, dessen Existenzbedingungen er immer wieder zu bessern suchte, indem er beim Großherzog vorstellig wurde.

Es liegen vier Briefe Liszts an Carl Alexander vor und ein Brief von diesem an Liszt, aus denen hervorgeht, wie sehr sich Liszt für Hoffmann einsetzte und

81

Der Komponist Franz Liszt im Jahre 1849.

bemüht war, gegen die aktiven Intriganten aus Hofkreisen beim Großherzog vermittelnd einzuschreiten. Was letzten Endes vergeblich war. Da half auch nicht, dass die Großherzogin aus dem niederländischen Königshause stammte und Hoffmanns philologische und volkskundliche Leistungen in Holland hohe Anerkennung gefunden hatten, worauf Liszt nicht müde wurde hinzuweisen.

Sein Briefwechsel mit dem Großherzog lässt erkennen, wie Liszt versuchte, Hoffmanns wirtschaftliche Sorgen zu lindern. Zuweilen bekommt man den Eindruck, hier finden Bittstellergänge zum Schloss statt.

Mit freundschaftlichen Geschenken suchte Liszt die Lage der Eheleute Hoffmann zu erleichtern, beispielsweise mit einem Klavier für Ida, die nun endlich wieder daheim musizieren konnte. Diese Gaben waren von Briefen begleitet, die nie den Eindruck von Almosen aufkommen ließen. Hoffmann dankte dem Freund für das Instrument:

Begrüßen wollten wir mit Sang und Klang
Das neue Frühlingsleben und konnten es nicht
....
Du hast mit alter Freigiebigkeit
Geliehen uns schöne Gelegenheit:
Wir sollen wieder musizieren!
Wohlan, so wollen wir jubilieren
Wie die Vögel lustig im Sonnenschein
Und danken Dir und denken Dein!

Familienfeierlichkeiten der Familie Hoffmann wurden in der Altenburg ausgerichtet, zahlreiche Dankgedichte

Ida Hoffmann an dem Klavier, das ihr Franz Liszt geschenkt hatte.

an Liszt, an Carolyne und Marie von Sayn-Wittgenstein sprechen davon. Carolynes Tochter hatte sich ange-freundet mit Ida, man besuchte einander regelmäßig, vor allem an Fest- und Feiertagen wie Weihnachten und Silvester. Für den am 19. Mai 1855 geborenen Franz Friedrich Hoffmann übernahm Liszt die Paten-schaft, zweiter Pate wurde der Maler Preller. Marie von Sayn-Wittgenstein übernahm die Patenschaft für den am 16. Dezember 1857 geborenen Eduard Theo-dor, der bald nach der Geburt verstarb. Das schwere Los des von Mittellosigkeit und Kindersterben belas-teten Familienlebens zu ertragen mag für Hoffmann der Umgang mit Liszt und die Geselligkeit in der Al-tenburg geholfen haben.

Es existiert eine Art Hauschronik der Altenburg jener Jahre, die so genannten *Altenburg-Alben,* die neben den Briefen der wichtigste Beleg sind für die Bindung Hoffmanns an Liszt und dessen von der Wei-marer Hof-Gesellschaft gemiedene Lebensgefährtin Sayn-Wittgenstein. In den Alben wird wie in den Brie-fen deutlich, dass das gemeinsame Interesse für Musik und Literatur einen festen Boden dieser Freundschaft bildete. Die unbeirrbare Parteinahme Hoffmanns für Liszts Schaffen, die häufig geradezu euphorische Teil-nahme an dessen Erfolgen, das Mitleiden bei Miss-erfolgen, seine zahlreichen Gedichte wider die oft auftretende Ignoranz gegenüber Kompositionen des Freundes und das Ermutigen zu neuem Schaffen sind ein schönes Zeugnis der menschlichen Bindung an Liszt. Das spiegeln etliche in den Alben enthaltene Gedichte deutlich wider.

Bei den Zusammenkünften der Freunde und Schüler Liszts übernahm Hoffmann mehr und mehr die Rolle

Carolyne von Sayn-Wittgenstein mit ihrer Tochter Marie.

des *maitre de plaisir*. Er verfasste zahlreiche Trinksprüche und Gelegenheitsgedichte, die der frohen Runde vor allem im *Neu-Weimar-Verein* recht zupass kam.

Die Geselligkeit in der Altenburg war geprägt von Musizieren und geistvollen Gesprächen, in denen die Heiterkeit dominierte. Es gab wöchentliche Whist-Abende, Festessen nach Konzerten, immer mit Gästen, die mitunter aus allen Ländern Europas kamen. Geburtstage von Familienangehörigen, Freunden und bedeutenden Persönlichkeiten wurden hier gefeiert. Hoffmanns Tagebücher sprechen häufig davon.

9. Juni 1854
Um 5 zu Liszt. Bei Tafel Steinacker und Frau, Schade, Cornelius, Rubinstein und wir. Ich bringe einen Trinkspruch auf die Componisten aus. Champagner, lebhaftes Gespräch. Ich muss mehrere Gedichte vorlesen. Alles sehr heiter. Liszt spielt viel. Rubinstein trägt einige russische Lieder und Tänze vor. Wir singen.

3. Oktober 1854
Um 6 Uhr in den Tannhäuser ... Wäre besser gesungen worden, so wäre gewiß ein großartiger Erfolg zu erwarten gewesen, das Orchester spielte unter Liszts Leitung musterhaft. Das Haus war sehr besucht.

15. Oktober 1854
Abends Ida und ich im Fliegenden Holländer, sie auf Abonnements-Platz, ich in der Loge der Fürstin ... Eine schöne Oper! Frau Wagner in unserer Loge. Frau Wagner ganz entzückt über die Aufführung.

24. Januar 1856
Ida im Lohengrin, kommt nach 7 Stunden ganz entzückt zurück.

6. Februar 1856
Cellini von Berlioz. Das Haus festlich erleuchtet und sehr besetzt. Ich sitze im Parterre mit Prellers auf der letzten Bank. Ich folge mit Aufmerksamkeit und Genuß und halte aus bis zum letzten Ton.

5. Januar 1857
Ich fand eine große Gesellschaft, wohl über 30 Personen versammelt. Es begann eine musikalisch-deklamatorische Unterhaltung. Frau v. Milde sang 'Meine Ruh ist hin', Frl. Seebach deklamierte zwei Balladen von Hebbel, wozu Robert Schumanns Musik gespielt wurde. Nachher sang sie noch ein irisches Volkslied. Während dann an kleinen Tischen gespeist wurde, brachte ich meinen Trinkspruch aus.

30. Januar 1857
Am 30. Januar große Abendgesellschaft bei Dr. Pohl. Vorfeier zu Franz Schuberts Geburtstag und Einweihung eines neuen Flügels. Es wurde viel musiziert: Octett, Quartett, Lieder von Caspari gesungen und von Liszt begleitet, letzterer spielte zum Schluß eine Sonate. Ein genussreicher Abend. Um 1/2 11 Uhr wurde gespeist.

„Forte piano". Karikatur auf Liszts Dirigententätigkeit von einem unbekannten Künstler.

10. Februar 1858
Lassen und Meißner bei uns. Lassen spielt 7 Compositionen seiner Lieder (Anm.: Zu Texten Hoffmanns) vor, die Compositionen eigentümlich und schön, der Gesang gräßlich.

15. Dezember 1858
Im Theater: Der Barbier von Bagdad von Peter Cornelius. Ich hatte vorher das Textbuch gelesen und finde den Text ganz vortrefflich. Die Musik gefiel mir ebenfalls, nicht so einigen anderen, die roh genug waren, ihr Mißfallen durch Zischen zu erkennen zu geben. Trotzdem brachten wir es dahin, daß Cornelius gerufen werden mußte – er kam, von Frau Milde geführt. Nachher im Erbprinzen. Die ganze Gesellschaft sehr verstimmt.

Mit diesem von *Alt-Weimar* bewusst herbeigeführten Theaterskandal wurde auf Cornelius' Rücken eine Fehde ausgetragen, die der neue Generalintendant Franz von Dingelstedt verdeckt gegen Liszt führte. Cornelius wohnte in der Altenburg und stand Liszt als Sekretär und Übersetzer zur Seite. Dingelstedt wollte dem Schauspiel am Hoftheater mehr Geltung verschaffen – unter anderem mit Hebbel-Uraufführungen und großen Shakespeare-Inszenierungen – und kam dergestalt mit Liszt in Konflikt, dessen Domäne die Oper und das Konzert waren.

Bei der Premieren-Feier im *Erbprinz* suchte Hoffmann die Stimmung zu heben mit rasch hingeworfenen Gedichten wie dieses:

So magst du denn vor Neid und Ärger gischen,
Philisterpack!
Wenn wir am Quell der Kunst das Herz erfrischen,
Philisterpack!
Daß Andere leben, Andre etwas leisten verdrießt dich
sehr, Philisterpack!
Den guten Eindruck möchtest du verwischen,
Philisterpack!
Du rühmst dich deines Wissens, deines Könnens, zeig
was du kannst,
Und wag's einmal uns etwas aufzutischen,
Philisterpack!
Daß wir den Kelch der reinen Freude leeren, ist dir
nicht recht,
Du möchtest drunter Gift und Galle mischen, Philis-
terpack!
Wenn öffentlich wir Dank und Beifall klatschen, was
machst du?
Du kannst nur aus dem Hinterhalte zischen,
Philisterpack!

Am 11. Juni 1859 bezieht sich wieder eine Tage-
buchnotiz auf jenen 15. Dezember des Vorjahres:
Abends mit Ida in Ranks ‚Heidenglück', das nicht son-
derlich zu gefallen schien. ... Rank empört ... Allerdings
haben einige gezischt als ich Beifall klatschte. ... Scha-
de, was seit der Dingelstedtschen Affäre nie wieder im
Theater war, hatte sich heute eingefunden, um sich an
Dingelstedt zu rächen.

Zwischen Franz Liszt und dem dichtenden Germanisten bestand mehr als eine in guter Geselligkeit
erwiesene Freundschaft. Acht Kompositionen Liszts

91

zu Liedtexten Hoffmanns zeugen von künstlerischer Gemeinsamkeit. Bereits 1842 hatte Liszt in Berlin die Weise zu Hoffmanns *Wir sind nicht Mumien* geschaffen, das ursprünglich gedichtet wurde zur Melodie von *Wer nur den Lieben Gott läßt walten.* Liszts Komposition führt auf den programmatischen Höhepunkt des Textes zu, die Schlußstrophe:

> *Ihr sollt uns nicht vom Ziele bringen*
> *Mit Warnen, Bitten, Dräun und Flehn,*
> *Ihr sollt uns nicht in Schlummer singen,*
> *Wir wollen wacker vorwärts gehn.*
> *Wir leben noch, noch ist es Tag.*

Doch erst im Rahmen der Schiller-Ehrung von 1859 wurde dieser Text mit Liszts Komposition öffentlich vorgestellt. Der Komponist vertonte zudem Texte aus Hoffmanns Gedichtsammlung *Lieder aus Weimar: In Liebeslust, in Sehnsuchtsschmerz, Wie singt die Lerche schön, Laßt mich ruhen.* Die beiden ersten gehören zweifellos zu den schönsten Liedkompositionen Liszts, der auch eine *Hymne des Neu-Weimar-Vereins* schuf, Text von Hoffmann: *Frisch auf zu neuem Leben.* Eine Kantate für Männerchor war der 10. Allgemeinen Deutschen Lehrerversammlung dediziert, darin klingt unüberhörbar an die Erinnerung an die bürgerlich-demokratische Revolution von 1848:

> *Wenn auch die Welt des Frühlings vergißt,*
> *Und was wir taten kaum ermißt.*

Womit natürlich der Unwillen von Weimars Konservativen geweckt wurde. Wie Alexander Wilhelm

Gottschalg, Liszts *legendarischer Kantor*, schrieb, galt noch in den siebziger Jahren eine Wiederaufführung, die er mit Studenten vorbereitete, in Weimar als Verbrechen. – Hoffmanns Morgenlied *Die Sterne sind erblichen* (1826) wurde später von ihm eingefügt in seine Sammlung *Vier Jahreszeiten* und 1859 von Liszt vertont. Das zwischen Zorn und Wehmut wechselnde *Abschiedslied* des Dichters *Ich scheide* komponierte Liszt nach der Abreise des Freundes.

Auch andere Mitglieder des Freundeskreises schufen Melodien zu Hoffmannschen Texten, so Peter Cornelius und Hofkapellmeister Eduard Lassen, von dem acht bekannt sind. Die gleiche Zahl Vertonungen stammt von Joachim Raff, dem Assistenten Liszts, der in der Altenburg wohnte. Außerdem liegen Kompositionen vor von Anton Grigorjewitsch Rubinstein, Alexander Wilhelm Gottschalg und Martha von Sabinin.

Mit dem Weggang Hoffmanns aus Weimar im April 1860 brachen keineswegs die Kontakte ab, die ihm eine stete Quelle geistig-künstlerischer Anregung gewesen waren. Man blieb in Korrespondenz bis Anfang der siebziger Jahre. Mit Liszt, Preller, Gottschalg und Gräf fanden Gedankenaustausch und Mitteilung statt. Auch in Liszts Briefwechsel mit anderen Personen wird Hoffmann erwähnt.

Diesen traf wenige Monate nach der Übersiedlung nach Corvey ein schwerer Schicksalsschlag – die erst neunundzwanzigjährige Ida starb bei der Geburt ihres vierten Kindes. Der Zweiundsechzigjährige sah sich urplötzlich vereinsamt, der Neubeginn dieses Lebens schien jäh blockiert.

Umgehend schrieb ihm Franz Liszt, in der Absicht bald einmal selbst nach Corvey zu kommen, was Hoff-

mann jedoch, vielleicht in der anhaltenden Fassungs-
losigkeit, mit Dank abwies. So kam es später nie zu
einer Wiederbegegnung, obwohl sie von beiden gewünscht und geplant wurde; das unstete Leben Liszts
nach seiner Übersiedlung nach Rom stand dem entgegen.

Ein verlässlicher Mittler von Botschaften zwischen
den alten Freunden war in diesen Jahren Alexander
Wilhelm Gottschalg. Er hielt bis 1871 die Verbindung
aufrecht. Er war es auch, der immer wieder mit Erfolg
in der Weimarer Bürgerschule, in Kromsdorf, Tiefurt
und Schöndorf Hoffmanns *Vier Kindergesangsfeste* zur
Aufführung brachte. Im September 1863 weilte Hoffmann bei Gottschalg in Tiefurt zu Besuch und verfasste
bei der Gelegenheit ein Gedicht an Liszt:

Wir sitzen hier so still allein
Und können gar nicht fröhlich sein.

Im Tagebuch vermerkt er: *Gottschalg bittet 1 Tag*
später abzureisen ... Im Schießhaus Liederkranz. Man
versammelt sich im kleinen Saal. Es wird mein Bundes-
lied von Liszt gesungen. (,Frisch auf zu neuem Leben')
Bei dem neuerlichen Künstlerfeste wurden die Künstler
damit empfangen. Niemand wußte von wem Text und
Musik war. Das Lied gefiel so, daß es nachher noch
zweimal wiederholt wurde.

Auf der Rückreise stattete Hoffmann der Fürsten-
schule Schulpforta einen Besuch ab. Hier überreichte
ihm der Schüler Friedrich Nietzsche eine eigene Ver-
tonung der Hoffmannschen Verse:

Wie sich Rebenranken schwingen
in der linden Lüfte Hauch,
wie sich weiße Winden schlingen
lustig um den Rosenstrauch
also schmiegen sich und ranken
frühlingsselig, still und mild
meine Tag- und Nachtgedanken
um ihr trautes liebes Bild.

Liszt kam erst 1864 wieder nach Weimar und weilte 1867 in der Residenz wie in Eisenach. Anlass war die 800-Jahr-Feier der Wartburg, die Aufführung des von ihm dafür geschaffenen Oratoriums *Die Legende von der Heiligen Elisabeth.* Er dirigierte selbst. Hoffmanns letzter Besuch in Weimar fand im März 1868 statt. Er las Freunden aus seiner Autobiografie *Mein Leben* vor. Damit endeten seine persönlichen Kontakte zur Klassikerstadt, die nun auch ihr *Silbernes Zeitalter* hinter sich hatte. Liszt hingegen verbrachte seit Ende der sechziger Jahre die Sommermonate in der damaligen Hofgärtnerei, dem heutigen Liszt-Haus, wohin seine Schüler aus aller Welt kamen wie einst in die Altenburg.

Am 30. Januar 1869 zog Hoffmann von Fallersleben in einem Brief an Friedrich Preller ein Resümee über die Intentionen des ehemaligen Freundeskreises der Altenburg: *Ja, lieber Preller, wir wollen uns oft und gern erinnern der vergangenen Tage, die uns einst gehörten ... Es ist albern, daß man uns jetzt nachsagt, wir hätten den Weimarschen Musenhof wieder ins Leben rufen wollen. Die Zeiten waren längst andere geworden, andere Bestrebungen, andere Ziele waren die unseren, und wir waren so glücklich, daß wir nicht erst von Außen Anregung und Förderung bedurften ... Darum haben wir uns denn auch nicht irre machen lassen, auch dann noch, als wir getrennt und in alle Weltgegenden zerstoben waren, das, was wir für gut und schön erkannten, bewußt und frei zu verfolgen.*

Friedrich Preller d.Ä.; Gemälde von Ch. Verlat.

96

DIE ALTENBURG-ALBEN

Ich will die Fackel des Dankes schwingen
Um leuchtenden, glühenden Dank zu bringen,
Daß es hell und warm in jedem Gemache
Der Altenburg wird bis hoch zum Dache.
Was ist denn die Altenburg? wird man fragen.
So will ich es allen und jedem sagen.
Es ist nicht eine Burg der Alten,
Auch die Jungen dürfen dort schalten und walten.
Es ist die Burg, wo unter Liszts Paniere
Die Künstler sich sammeln zum geist´gen Turniere.
Es ist eine Burg, wo die Ritterlichkeit
Sich erneut nach Begriffen der neuen Zeit.
Wo man nicht fragt: was hat der Mann?
Sondern was er ist und was er kann .
Wo man der Wissenschaft und Kunst
Erweiset Liebe, Huld und Gunst;
Wo für Scherz und Witz und Humor
Die Herzen öffnen gern ihr Tor,
Und auch dem Ernste, wenn er belehrt,
Der Zutritt nimmer ist verwehrt;
Wo über Freuden und Leiden des Lebens
Sich nie ein Gemüt eröffnet vergebens;
Wo man jeden Gast willkommen heißt,
Der kein Philister an Herz und Geist.

Die drei Alben, wohl verwahrt in den Liszt-Beständen des Goethe-Schiller-Archivs, wurden einst in Leder gebunden und mit Goldschnitt dem Burgherrn geschenkt. Ein Duplikat des ersten Bandes erhielt Marie von Sayn-Wittgenstein. Die Blätter sind reich versehen mit Handzeichnungen von Sixtus Thon.

Alle drei Bände enthalten Toasts, Spruchdichtungen und kunstlose Reimereien, die bei verschiedenen Anlässen in der Altenburg, im *Neu-Weimar-Verein* oder sonst bei geselligen Treffen aus dem Augenblick entstanden und nachher von Hoffmann eingetragen wurden. Im ersten Band finden sich Gedichte aus den Jahren 1854 und 1855, Band zwei umfasst die Jahre 1855 bis 1856 und Band drei die Zeit von 1856 bis 1860. Sie verstehen sich als eine Hauschronik der Altenburg, die Mitte des 19. Jahrhunderts nichts weniger war als ein geistiges Zentrum von europäischem Rang.

Von den rund 360 Gelegenheitsgedichten ist der größte Teil noch unveröffentlicht. Aus ihnen entsteht ein farbiges Bild der Geselligkeit in der Altenburg und darüber hinaus vermitteln sie eine lebendige Vorstellung von Weimars *Silbernem Zeitalter* in all seiner Widersprüchlichkeit und Größe, ein interessantes Zeit- und Sittenbild jener Jahre.

Die Sammlung wurde angelegt auf Anregung Carolynes. Hoffmann von Fallersleben berichtet über das Entstehen der *Altenburg-Alben,* wie die Fürstin Sayn-Wittgenstein darauf achtete, *daß jeder Trinkspruch, jedes kleine Gedicht, das dem Augenblick geweiht und mit dem Augenblick verloren gehen sollte, dennoch, wenn es eine Beziehung auf die Altenburg hatte, gebucht werden mußte.*

Man wird diese Gelegenheitstexte kaum als Literatur betrachten, man nehme sie als Schlaglichter, als zumeist heitere Botschaften aus jenen Tagen, der geselligen Unterhaltung dienend, als Würdigung eines Freundes oder Gastes der Altenburg gedacht, entstanden aus der Situation heraus, im Stegreif. Peter Cornelius beschreibt das recht anschaulich:

98

Hoffmann fing mit einem Toast auf Liszt an, in den natürlich mit großem Jubel eingestimmt wurde ... Liszt ließ Hoffmann leben als den, der ihm in manchen trüben Stunden, die er zu vergessen suchen wolle – oft Freude und Heiterkeit bereitet habe. Hoffmann von Fallersleben improvisierte mit einem Bleistift vor sich hin, in der Zeit mein Toast:

Während Hoffmann schnell was dichtet,
 Sei ein Toast an ihn gerichtet ...

Natürlich war sich Hoffmann im Klaren über die Anspruchslosigkeit dieser Reimereien und sprach das auch aus. Er war in Weimar vor allem der Sprachwissenschaftler, intensiv beschäftigt mit philologischen, germanistischen, volkskundlichen und redaktionellen Arbeiten. In der Öffentlichkeit sah er sich zumindest anfangs verpflichtet zu politischer Enthaltsamkeit. Diese entsprach freilich nicht eben seinem Wesen, seinem kritischen Geiste und seiner reaktionsschnellen, zu heiterem Spott neigenden Art, sich dichtend zu äußern. So erlebte er denn im Kreise der Altenburg-Freunde wohl auch eine Entlastung von der Polit-Askese. Viele seiner Gelegenheitsgedichte an Freunde und Gäste gingen entschieden hinaus über die bloße Huldigung und Würdigung, bezogen vielfach künstlerische, soziale, territoriale und politische Belange kritisch, manchmal satirisch ein.

Den Schluss jedes Bandes der *Altenburg-Alben* bildet ein Inhaltsverzeichnis, ebenfalls von Hoffmann angelegt, geordnet nach den Personen, denen Sprüche und Gedichte zugedacht waren, allein dieses Register sagt eine Menge aus über die Sammlung. Fünfundvierzig

Gedichte sind Liszt gewidmet, zweiundzwanzig Carolyne von Sayn-Wittgenstein und fünfzehn deren Tochter Marie.

In einigen solcher Dichtungen bezog sich Hoffmann auf Liszts Arbeit an der *Missa Solemnis (Graner Messe)* zur Einweihung des Graner Doms. Sie tragen die Titel *Frühlingsanfang, An Franz Liszt, Auf der Altenburg, Auf Liszts Messe*. Der Erfolg der Aufführung der *Missa Solemnis* wurde vom Freundeskreis der Altenburg begeistert begrüßt, Hoffmann feierte den Komponisten:

Zu Liszts Heimkehr, 3. Oktober 1856

Willkommen nach so vielen Ruhmestagen!
Nach vielen Freud- und Festgelagen!
Willkommen zu neuem Streben und Ringen,
Zu neuem Schaffen und schönem Vollbringen
Auf alter sichrer Siegesbahn!
Und Weimar werde – dein Gran!

Gerade in den Gedichten, die die *Graner Messe* würdigen, zeigt sich, wie sehr man aneinander Anteil nahm und sich gegenseitig Mut zusprach. In der weitgehend ignoranten oder gar feindlich gestimmten Umgebung *Alt-Weimars* tat das gewiss not und stärkte die durch kleinliche Intrigen häufig mit Unwesentlichem unnötig beanspruchten Kräfte der Künstler. Heiterkeit als wesentliche Schaffensvoraussetzung wurde hierdurch stimuliert. Man kann es bestätigt sehen in Briefen von Franz Liszt an Carolyne. Auch die Tatsache, dass Liszt manchen Vers auswendig konnte, spricht dafür.

An seinem Namenstag am 2. April 1857 erhielt Liszt freundschaftliche Ermunterung von Hoffmann, nachdem einige Konzerte verständnislose Kritiken erhalten hatten.

Auch in anderen Gelegenheitsgedichten wurde immer wieder angesprochen, was im *Neu-Weimar-Verein* fast durchweg konstatiert wurde: Die Weimarer Öffentlichkeit nahm kaum Notiz von den Leistungen Liszts und seines Schülerkreises. In der Residenzstadt wurden Erfolge erst wahrgenommen, wenn sie außerhalb Würdigung erfahren hatten.

In die Ferne musst du schweifen,
Soll die Nähe dich begreifen,
Denn die Nähe ist zu kläglich
Alles wird ihr stets alltäglich,
So gewöhnlich, so gemein,
So erbärmlich, schlecht und klein.

So wundert es nicht, wenn viele Spruchdichtungen, die das Verhältnis des Liszt-Kreises zum gegebenen Umfeld reflektieren, von Hoffmann in der Gegenüberstellung von *Alt-Weimar* und *Neu-Weimar* gestaltet wurden. Die Lage der Künstler und die kulturpolitischen Ambitionen des *Neu-Weimar-Vereins* sind damit umrissen, darum finden sich natürlich auch Reimsprüche von anderen Mitgliedern dieser Gruppierung, die das ausdrücken. Peter Cornelius brachte es in einem Gedicht, das er Hoffmann zum 59. Geburtstag widmete, auf den Punkt:

Alt-Weimar ist eine große Stadt,
Die dreizehntausend Einwohner hat.

Neu-Weimar ist eine kleine Gemeinde,
Aber sie hat dreizehntausend Feinde.

Hoffmann seinerseits hatte 1854 eine Gelegenheits-
dichtung dem Komponisten zum Geburtstag gewidmet
mit dem Titel Weimar. Darin herrscht noch die opti-
mistische Stimmung seines Antritts in der Residenz
vor, die Hoffnung, trotz geistiger Enge und manchmal
nervender Philisterei einen Neuanfang, eine Wieder-
geburt einstiger Größe bewirken zu können. Dahinter
jedoch wird das durchaus zwiespältige Verhältnis zu
der Stadt und ihren Bewohnern sichtbar. Zu Silvester
des gleichen Jahres reimte er mild ironisch:

Weimar ist eine schöne Stadt
Die ein Theater und viele Vereine hat
Drei Droschken, zwei Zeitungen, ein Sonntagsblatt
Gasbeleuchtung
Um zu erhellen
Die krummen Gassen.

Die geistig-kulturelle Kümmerlichkeit des Großteils
der Einwohnerschaft, in schroffem Kontrast zu ihren hohen Kulturstadtansprüchen, nimmt Hoffmann in einer
Spruchdichtung aufs Korn, die eine fiktive Begründung
liefert, weshalb gewisse Weimar-Bürger sowie die lokale
Presse Franz Liszts Geburtstag einfach vergaßen.

Wenn er sarkastisch das schäbige Verhalten einiger
dieser „Größen" und auch einiger Orchestermitglieder
schildert, kommt bei ihm 1855 wieder der Ton der
Vormärzgedichte zum Vorschein, der Unmut über den
mickrigen Unverstand, über die Unfähigkeit, Liszts
Größe wenigstens zu ahnen und neue Kunstentwick-

lungen wenigstens zu erkennen, wenn schon nicht zu begreifen, empört ihn. Das führte aber auch zu einem Ausufern seiner Verse, die zwanzig Seiten füllten, gegliedert in acht Kapitel. Das erste davon war der *Weimarischen Zeitung* zugedacht:

> *Was wir in Weimar herfürbringen,*
> *Das ist gewissermaßen für Thüringen,*
> *Und meine Zeitung ist der Repräsentant*
> *Für alles, was bedeutend und interessant.*
> *Ein Knab ist in das Wasser gerannt.*
> *Und eine Scheun' ist abgebrannt,*
> *Ein Ochs ist gestern wild geworden*
> *Und gewesen unter zwei Schweinehorden.*
> *Ein Wagen mit einem Fuder Mist*
> *Am Goetheplatz umgeworfen ist.*

Die kleinstädtische Enge der Interessen kommt in der Horrormeldung von der umgekippten Mistfuhre auf dem Goethe-Platz bildhaft zum Ausdruck. Es gab neben der *Weimarischen Zeitung* ein ursprünglich linksliberales Blatt, das sich *Die Revolution* betitelte, seit April 1849 sich aber *Deutschland* nannte. Diese Zeitung und ihren Redakteur bedachte er im Kapitel zwei mit seiner Ironie:

> *Um Geld will ich allezeit meine Spalten*
> *Für Liszt und die Zukunftskünste offen halten.*
> *Ich bleibe ihr gehorsamer Serviteur,*
> *Panse, Legationsrat und Redakteur.*

Das dritte Kapitel überschrieb Hoffmann *Herr Nabich*. *Im Namen des Orchesters, Kammermusikus Nabich.*

Man muss berücksichtigen, dass Liszt die Hofkapelle zwar zu bisher hier nicht erlebten Leistungen führte, die nur erreicht wurden durch seine zähe, unnachsichtige Probenarbeit, in der mancher Schweißtopfen geflossen, manch braver Musizierbediensteter überfordert sein mochte. Auch der Posaunist Nabich hatte wohl einen schweren Stand gehabt und sich darum vielleicht nicht getraut, dem Hofkapellmeister zu gratulieren. Wie auch immer, Hoffmann lässt ihn um Nachsicht bitten, stellvertretend für die Orchestermitglieder sozusagen, mit den Versen:

In Anbetracht, daß die Posaune das älteste und
angesehenste Instrument ist, und gewiß auch
in der Schöpfungsgeschichte erwähnt worden wäre,
wenn es nicht Moses lästerlich vergessen hätte.
In Anbetracht ferner, daß wenn einst die Welt
mit der Gesamtkunst untergeht, die Posaune
nach der biblischen Verheißung als das Einzige
dann noch fortbesteht,
In Anbetracht alles dessen haben die hochgeehrten
Mitglieder des Orchesters hiesiger Bühne
die Posaune als das allerwichtigste Instrument
erkannt und mich als Posaunenvirtuosen
Gesandt, daß ich zum Geburtstag unseres
Capellmeisters herrlich blase
Und ach, es ist zum Verzweifeln, zum Rasen!
Wenn ich will, so kann ich nicht blasen,
So nehmen Sie, hochgeehrter Mann,
für Tat den guten Willen an!

Einige Musiker verkehrten im Kreise Liszts. Kein Wunder, dass die Querelen und Probleme in der

Theaterarbeit, besonders im Orchester, häufig das Gesprächsthema bildeten. Daher wusste Hoffmann um Details dieser Arbeit, um die unermüdliche Aktivität des Dirigenten im Bemühen, dem Mittelmaße eine einigermaßen erträgliche Leistung abzugewinnen. Ein Bemühen, das bei den Bemühten keineswegs immer auf frohe Zustimmung zählen darf, weil bei solchen der Unterschied von Wollen und Können oft gar zu krass klafft, wie das hier zum Ausdruck kommt. Dazu kommt bei so genannten Musikbeamten die Überzeugung, es genüge vollauf, die Kunst als Gewerbe zu betreiben, die Wahl zwischen Beruf und Berufung aus Bequemlichkeit zu Gunsten des ersteren zu entscheiden. Über derartige, jeder Kunstentwicklung feindliche Überzeugungen lästert Hoffmann im Kapitel vier, *Herr Hof- und Stadtmusikus:*

Musik und Musik ist zweierlei:
Hochgeehrter Herr!
Ihre Musik und meine ... unterscheiden sich
wesentlich dadurch voneinander,
daß meine Musik ein zivilisiertes Gewerbe
und Ihre eine freie Kunst ist ...
Sie können was Sie selbst wollen,
wir sind an den Zeitgeschmack und an die Laune
des Publikums gebunden ... Hochgeehrter Herr.

Kapitel fünf ergeht sich über das *Weimarer Sonntagsblatt* und seinen Redakteur Adolf Doerr, Kapitel sechs ist der Vorliebe der Fürstin Carolyne von Sayn-Wittgenstein wie auch Liszts für gute Zigarren gewidmet: *Virtuosen im Zigarrenrauchen und -Spenden* ist der Titel. Das Kapitel sieben lästert über die Weimarischen Hofräte und solche, die es *waren, sind oder werden möchten,* ganz den Überlieferungen aus vergangenen Tagen zugewandt und nicht willens oder im Stande zeitgenössische Kunstereignisse wahrzunehmen, geschweige denn zu würdigen.

Das letzte Kapitel bezieht sich auf die geschlossene Gesellschaft *Erholung,* die 1817 aus der bürgerlichen Vereinigung *Ressource* hervorgegangen war und der jetzt der Großherzog, Liszt und Hoffmann angehörten. Ihren Vorstand bildeten brave, aber allzu biedere Herren, was einer wirksamen Ausstrahlung der Gesellschaft in der Öffentlichkeit nicht eben zuträglich war. Dagegen wendet Hoffmann seine Verse. Im Inhaltsverzeichnis wird Carolyne von Sayn-Wittgenstein als Durchlaucht genannt. Ihr widmete Hoffmann vor allem Geburtstags-Gedichte, die meist zwar belanglos sein mögen, dennoch von der heuchlerischen Intoleranz der Weimarer Gesellschaft gegen sie und ihren Lebensgefährten viel ahnen lassen.

Bei trübem Wetter auf der Altenburg

Oktober 1854

Was hilft das Jammern, hilft das Zagen?
Die Stunde wird zu früh noch schlagen,
Wo uns zum Dulden und Ertragen
Des Schicksals strenge Macht ...
Was hilft das Streben, Ringen, Wagen?
Und wenn wir auch ein Ziel erjagen,
Hat sich nach allen Müh'n und Plagen
Noch einer je in Ruh erfreut?

Das erste Gelegenheitsgedicht, das Hoffmann Carolyne widmete, ist mit dem 24. Juni 1854 datiert. Seine Lieder aus Weimar überreichte er Liszt, der Fürstin und ebenso ihrer Tochter Marie, jeweils mit kleinen Gedichten, sie sind die ersten Einträge in den *Altenburg-Alben.*

Der Fürstin Wittgenstein

Alles Schöne lebt in Tönen
Und das hast auch du erkannt
Und dem Liebling der Kamönen
Liebevoll gereicht die Hand

Was dir schöne ward im Leben
Wird in Tönen wieder dein
All dein Hoffen, Wünschen, Streben
Stellt sich als Erfüllung ein.

Töne werden dir versingen
Deinen Gram und all dein Leid;
Töne werden wiederbringen
Deiner Träume Seligkeit.

Will die Welt dich auch verhöhnen,
Trüben dir dein heitres Herz,
Töne werden dich versöhnen
Mit der Welt und seinem Schmerz-

Alles Schöne lebt in Tönen:
Hoffnung und Erinnerung,
Und du wirst dich selbst verschönen,
Fühlst dich glücklich, reich und jung.

Was in Tönen dir beschieden,
Bleibe heut und immer dein!
Nie in deines Herzens Frieden
Mische sich ein Mißton ein.

Die Fürstin war 1848 Liszt aus Russland nach Weimar gefolgt, ohne dass ihre Ehe geschieden war. Großfürstin Maria Pawlowna unterstützte sie zunächst, verschaffte ihr die Altenburg als einigermaßen standesgemäßen Wohnsitz und bemühte sich sehr, Einfluss zu nehmen am Zarenhof zugunsten der Scheidungsangelegenheit. Ohne die Einwilligung des Zaren war die Scheidung nicht möglich. Bei dem jedoch stand die Fürstin unbegründet im Verdacht, eine Sympathisantin der polnischen Aufständischen von 1830 und 1848 zu sein. Der Zar ging sogar so weit, das Vermögen Carolynes zu konfiszieren, womit sie de facto des Adels verlustig ging und nicht mehr hoffähig war. Diese Tatsache und die für Weimars Philister unfassbare so genannte wilde Ehe der Hochadelsdame mit dem nichtadeligen Künstler machten sie in der muffigen Residenz zur Unperson. Wer in diesen bornierten Kreisen auf sein Image bedacht war, ignorierte die Sayn-Wittgenstein und ließ sie das deutlich spüren.

1860 bestand immerhin noch eine vage Aussicht auf die Lösung der Scheidungsproblematik, auf eine Legalisierung der Verbindung Liszts und der Fürstin. Hoffmann schrieb ihr darum zum Geburtstag:

Schweigen, hoffen, leiden ...
Endlich kommt Euch beiden
Was uns alle erfreut.

Und in schön'rer Pracht
Glänzt des Lebens Sonne
Euch nach langer Nacht.

Diese Zeilen entstammen dem letzten Gedicht, das Hoffmann Carolyne von Sayn-Wittgenstein widmete. Er verließ wenige Wochen danach Weimar. Kurz darauf ging die Fürstin, die in Rom versuchen wollte, vom Vatikan die Erlaubnis zur Heirat mit Liszt zu erhalten – ein Bemühen, das nicht den erhofften Erfolg brachte. Sie blieb in Rom. Franz Liszt folgte ihr im Jahre 1861.

Marie, der Tochter Carolynes, huldigte Hoffmann in mehreren Gedichten, beeindruckte von der ungewöhnlichen Liebenswürdigkeit, Schönheit und Bildung der Prinzessin. Marie war den Umgang mit bedeutenden Persönlichkeiten der Zeit gewöhnt und bewandert in den Künsten. Sie sprach, aufgewachsen mit dem Polnischen, fließend deutsch, französisch, englisch und italienisch. Viele Gäste der Altenburg waren von ihrer ausgeprägten Individualität fasziniert, ganz besonders Friedrich Hebbel, der ihr seine Urschrift der *Tragödie der Nibelungen* zum Geschenk machte.

Franz Liszts Sohn Daniel – aus der Ehe mit der Gräfin d'Agoult – besuchte 1854 den Vater in der Altenburg. Seinen Abschied von Weimar bedachte Hoffmann mit einem Gedicht. 1859 starb der junge Mann. Hoffmann sandte dem trauernden Vater ein Gedicht: *An Liszt. Bei der Kunde von Daniels Tod.* Auch er hatte zwei Jahre zuvor einen Sohn verloren und wohltuend den Beistand Liszts und der Fürstin empfunden.

In den Alben finden sich noch viele andere Toasts und Gedichtchen, Freunden und Bekannten, vor allem den Mitgliedern des *Neu-Weimar-Vereins* gewidmet. Genannt seien hier Peter Cornelius, der sich seinerseits mit Spruch-Verschen revanchierte, obgleich er und Hoffmann einander nicht so nahe standen. Cornelius übersetzte übrigens musikwissenschaftliche Werke Liszts aus dem Französischen ins Deutsche. Auch das Textbuch von Hector Berlioz' Oper *Benvenuto Cellini* wurde von ihm übersetzt, ebenso wie Anton Rubinsteins *Sibirische Jäger*. Der von *Alt-Weimar* verursachte Skandal um die Oper *Der Babier von Bagdad* ist Gegenstand der meisten Gedichte für Cornelius.

Hoffmann bedichtete Hans Bronsart von Schellendorf, der mit zweiundzwanzig Jahren als Schüler Liszts nach Weimar kam und 1857 als Solist in der Uraufführung von Liszts A-Dur-Klavierkonzert glänzte, später erfolgreiche Konzertreisen durch Europa hatte und 1887 Generalintendant des Hoftheaters Weimar wurde.

Weitere Gedicht-Adressaten waren Hans von Bülow, als dieser im Juli 1855 zu Besuch auf der Altenburg weilte, wo er zwei Jahre lang der Lieblingsschüler Liszts gewesen war und sich nun entwickelte zu einem erfolgreichen Pianisten und Dirigenten, der sich voll engagierte für die Musik der *Neudeutschen Schule*.

Hans von Bülow

Das ist des Himmels Gnad' und Gunst,
Wenn lebendig wird die eigene Kunst,
Wenn unser schönstes Tun und Streben
Beginnt durch andere fortzuleben,
Wenn andere durch uns für die Kunst sich begeistern,
Wenn unsere Schüler werden zu Meistern,

110

Und zahlen mit dem, was wir gewollt,
Der Lieb und des Dankes schönen Sold.
Drum lebe der Mann von Geist und Talent,
Von dem Liszt sagt: „Er kann's",
Hoch lebe von Bülow Hans!

Hans von Bülow wurde später Hofkapellmeister in München und heiratete Liszts Tochter Cosima. Die Ehe freilich löste sich, weil es Cosima zu Richard Wagner zog. Das Sänger-Schauspieler-Ehepaar Milde vom Hoftheater wurde ebenso mit Dichter-Lob bedacht wie Liszts Assistent Joachim Raff, oder Richard Pohl, der Musikpublizist, selbst der Freund-Feind Schade ist gewürdigt.

Etliche Gedichte sind Friedrich Preller gewidmet, dem Landschaftsmaler, der neben Hoffmann Liszts engster Freund in der Residenzstadt war. Preller, ein Vertreter der klassizistischen Ideenmalerei, als solcher schon protegiert von Goethe und Carl August. Hoffmann gibt in den Gedichten auf Werke Prellers den Gehalt der Bilder in recht anschaulicher Weise wieder, nennt Themen, mit denen sich der Künstler befasste wie den *Odyssee-Zyklus* und beschreibt seinen Malstil:

Ein Meister der in Schatten und Licht
Und Farben wunderbar zu uns spricht,
Und dichterisch sich die Welt gestaltet
Und verklärt dann vor unserem Sinn entfaltet.

Preller regte den Großherzog an, den Maler Buonaventura Genelli (1798 bis 1868), der unter bedrückenden Umständen in München lebte, nach Weimar zu holen. Er

111

kam 1859 und wurde rasch Hoffmanns guter Freund. Genelli war, ähnlich Preller, ein Meister der klassizistischen Ideenmalerei. Einer neuen malerischen Sicht stand er verständnislos gegenüber.

Mit der 1860 von Graf Kalckreuth gegründeten progressiven Malerschule verband ihn nichts. Paul Heyse hat Genellis Lebensweise und Kunstauffassung der Novelle *Der letzte Centaur* zu Grunde gelegt. In Hoffmanns Wohnung trafen sich der Maler und der Dichter-Germanist häufiger als im *Neu-Weimar-Verein*, der allmählich verfiel. Eines der Gedichte Hoffmanns, die Genelli gewidmet sind, spiegelt bittere Erfahrungen wider, die der Maler wie der Dichter machen mussten:

Weh uns, wenn dem Künstler die eiserne Not
Am Tage seines Wirkens droht! ...
Fluch, wenn die Welt nichts besseres erfand,
Dem Künstler nichts bessere beschied und bot
Als das Sprichwort: Die Kunst geht nach Brot.

Ein langes Gelegenheitsgedicht ist Musikern der Hofkapelle gewidmet. Hoffmann gestand jedoch in einem anderen Gedicht – den ungarischen Musiker Eugen von Soupper lobend – sein eigenes Unvermögen in Sachen Musik ohne weiters ein:

Ich verstehe nichts von Partitur,
Von Claviatur und a und b Dur;
Bei eurem Generalbaß und fis moll
Werd ich im Kopf und Magen toll.

Im Januar 1858 regte Carolyne von Sayn-Wittgenstein ein Dichterturnier an, bei dem einer den anderen be-

singen sollte. Hoffmann wählte als Zielscheibe den ehemaligen Vormärz-Freund Dingelstedt und bezog sich
auf dessen *Lieder eines kosmopolitischen Nachtwächters,*
die 1841 große Publizität errangen mit ihren republika-
nischen Versen und dem Autor außer Verboten auch Re-
pressalien eintrugen. Indessen war er zehn Jahre später
als wohlbestallter Intendant des Münchener Hoftheaters
von diesen Revoluzzer-Positionen entschieden abge-
rückt. Als Generalintendant des Hoftheaters Weimar ließ
er sich ungern an seine Vergangenheit erinnern. Hoffmann besang den ehemaligen Gefährten im Geiste:

Ein Dichter zog dereinst von Haus
Und rief die Stunden als Nachtwächter aus.
Doch lassen die Herren sich ungern sagen,
Wieviel es eben hat geschlagen.

Die Wandlung des vormaligen Republikaners Dingelstedt wird, wenn auch höflich, doch deutlich dargestellt:

War einst er gewesen kosmopolitisch
Und seine Lage etwas kritisch,
So saß er nun fest in hoher Gunst
Und lebte sicher in seiner Kunst.

Als Theatermann hatte es Dingelstedt gewiss leich-
ter, nach einem Tiefpunkt erneut zu Ansehen und
Glorie zu gelangen. Jetzt musste er sich Hoffmanns
Häme gefallen lassen:

Doch fiel er noch mitten im glänzendsten Siege
Zuletzt als Opfer gemeiner Intrige,
Ja, freilich er fiel, um mehr zu gefallen.

Dingelstedt ließ mit seiner Antwort an Hoffmann nicht warten:

Daß er ein echter Heidschnuck ist,
Erkennt deswegen jeder Christ,
Weil er, vom Schweif bis zu den Ohren.
Zeitlebens oft genug geschoren.
Doch zählt er auch mit Fug und Recht
Zum Heidelerchen-Sanggeschlecht,
Daneben heißt die Polizei
Zugvogel ihn und vogelfrei ...
Wie er im Leben stieg und fiel
Der ups and downs bewegtes Spiel
Desgleichen was der brave Mann
Gelitten oder auch getan,
Bald mit der leichten Gänsefeder.
Und bald im hochgelahrten Leder,
in Kneipen und auf dem Katheder
Das sag ich nicht, es weiß es Jeder.
Halb troubadourisch, halb rhapsodisch,
Altdeutsch zum Teil, zum Teil neumodisch,
Französisch, flämisch, englisch, irisch.
Kindlich und auch diavo-lyrisch
Erscheint uns seine reiche Muse ...
Wer weiß, was sie noch alles bringt
Eh' sie die Fürstengruft umschlingt.
Deshalb ward Weimar ihm beschieden.
Nach frühem Kampf ein später Frieden.

Der Hinweis auf die Fürstengruft meint hintersinnig, dass Hoffmanns Gebeine niemals neben denen von Goethe und Schiller ruhen würden. Der späte Frieden für Hoffmann war beim Entstehen dieser Entgegnung

114

ohnehin schon deutlich gefährdet. Das aber musste Dingelstedt wissen, da er dem Hofe viel näher stand als der noch immer republikanisch gesinnte Professor.

Neben den bereits erwähnten Besuchern der Altenburg, die betoastet und bedichtet wurden, stößt man auf Namen wie Ernst Rietschel, den Schöpfer des Doppeldenkmals für Goethe und Schiller, der auch ein Marmor-Medaillon mit dem Profilportrait Liszts geschaffen hatte. Hoffmann huldigt ihm mit einem Prometheus-Vergleich.

Über den skandalumwitterten Modeschriftsteller Saphir äußert er sich wenig freundlich, zumal dieser den Vormärzmännern als militanter Gegner entgegengetreten war.

Auf Johanna Wagner ist ein Gedicht gemacht worden, die damalige Gattin Richard Wagners, auf die Schauspielerin Marie Seebach und den Literaturhistoriker Karl Goedecke. Andererseits wird man so berühmte Gäste der Altenburg wie Friedrich Hebbel, Hans Christian Andersen, Gustav Freytag, Karl Gutzkow, Bettina von Arnim, Adolf Stahr, Fanny Lewald und Friedrich von Bodenstedt vergebens suchen. Das ist teils begründet durch Abwesenheit Hoffmanns, der in diesen Jahren auch Reisen unternahm, teils jedoch durch eine manchmal recht starre Antipathie gegen Personen. Bettina zum Beispiel hatte seine ursprüngliche Sympathie verspielt, weil sie in einer heftigen Auseinandersetzung mit Liszt dessen Auffassung von Musik entschieden ablehnte.

Bemerkenswert auch, dass Hoffmann Hector Berlioz etliche Gedichte zueignete. 1852 und 1856 hatten in Weimar auf Anregung Liszts Berlioz-Wochen stattgefunden mit Konzerten, die das Verständnis für den

115

Komponisten wecken sollten, der den Musikern der *Neudeutschen Schule* zum Vorbild wurde.

Liszts Engagement für die Verfechter einer neuen Art des Musizierens – von den Gegnern als „Zukunfts-musiker" abgetan – wurde von Hoffmann lebhaft unterstützt; er verfasste in Latein das Gedicht *Salve Berlioz*, andere Lobpreisungen des Franzosen in französischer Sprache. *Salve Berlioz* wurde vertont von Joachim Raff.

Als Berlioz im Februar 1855 den *Neu-Weimar-Verein* besuchte, rühmten Hoffmannsche Verse in französischer Sprache die Musik des Gastes aus Paris, sie drücke das Glück und das Unglück aus, sie bringe die Hoffnung und die Verzweiflung, das Weinen und das Lachen, die Bedrängnis und das Erstaunen, die Furcht und die Freude, den Zweifel und den Glanz zum Ausdruck. Er nannte Berlioz einen Musiker und Zauberer.

Für den in diesen Jahren noch um seine Anerkennung ringenden Richard Wagner hat sich Hoffmann von Fallersleben ebenfalls eingesetzt.

Einen literarischen Wert kann man den Versen und Sprüchen der *Altenburg-Alben* kaum zusprechen. Sie entstanden aus einer Laune in geselliger Runde und waren für den Kreis gedacht, zu welchem sich Anwesende und Willkommene zählen konnten. Jeder hatte seinen Beitrag zu leisten, sei es durch Toast und Verslein, sei es durch musikalischen Vortrag oder das beliebte Stellen lebender Bilder. Selbstverständlich jeweils sozusagen ein Intermezzo zu bemerkenswerten Gesprächen über Kunst und Wissenschaft.

So bieten die *Altenburg-Alben* ein lebhaftes Bild dieser Geselligkeit, die Hoffmann auf leicht ironische Weise in einem Gedicht auf Silvester 1854 rühmt:

116

Wir haben im alten Jahre vieles erlebt,
Vieles gewünscht und gehofft ...
Whist und Geige gespielt,
Schach und Klavier,
Wein getrunken, Café, Grog und Bier,
Und concertiert und schwadroniert,
Versifiziert, studiert,
Geraucht und gegessen ...

Wenn Liszts Diener Heinrich aber die Seitenpforte weit aufhielt, dann war das unmissverständliche Zeichen zum Aufbruch gegeben. Für einen französischen Gast reimte das Hoffmann so:

„Le fromage de l' inspiration" ist genossen,
Mein Trinkspruch ist fertig, die Malzeit geschlossen,
Heinrich öffnet schon die Seitenpforte,
Da ist keine Zeit für viele Worte ...

Man kann sich gut vorstellen, wie die vergnügte Gemeinschaft aufbrach, noch immer disputierend und witzelnd, heiter Abschied nehmend in der Gewissheit, bald wieder so froh und anregend beieinander zu sein. Die steifen Soireen des Hofes, die konventionellen Gastereien des Weimarer Bildungsbürgertums müssen daneben verblassen – wo originäre Persönlichkeiten sich begegnen, geht es bei aller wohl gewahrten *Delicatesse* und Höflichkeit doch ungezwungener und einfallsreicher her.

DER NEU-WEIMAR-VEREIN

Bleib' Alt-Weimar für sich.
wir bleiben für uns
und es ist uns jeder Heimische fremd.
aber willkommen der Gast.

So lautet ein Paragraph der von Hoffmann verfassten Statuten des Vereins, in welchem man die Fortsetzung und Erweiterung der Altenburg-Abende sehen darf. Die Abgrenzung von den Weimarer Philistern, die ihrerseits sich in Vereinen sammelten, lässt an Deutlichkeit kaum zu wünschen übrig, auch die Scheidewand zum Hofe ist bezeichnet. Lebensart und künstlerische Kreativität des um Liszt gescharten *Neu-Weimar* unterschieden sich deutlich von den Umständen, in denen die Residenzler ihr Dasein führten. Was Wunder, dass kaum ein Weimarer dem *Neu-Weimar-Verein* angehörte.

In seiner Autobiografie beansprucht Hoffmann von Fallersleben die Idee zur Gründung des *Neu-Weimar-Vereins* für sich. Es leuchtet ein, dass es, wie er sagt, damals Gründe gab, den geistigen Urheber nicht publik werden zu lassen. Im Sommer 1854 sprach Hoffmann mit Liszt über das Vorhaben, im November dann mit dem Musikschriftsteller Richard Pohl, dessen Frau als Harfinistin Mitglied der Hofkapelle war. Pohl richtete Rundschreiben an die mit *Liszt näher Bekannten und Befreundeten* und rief auf, *eine Vereinigung zu bilden als Centralisation gemeinsamer Bestrebungen.*

Am 27. November 1854 traf man sich im „Russischen Hof" zur Gründungsversammlung. Zum Präsidenten

118

wurde Franz Liszt gewählt, als Stellvertreter Hoffmann von Fallersleben. Festlich begangen wurde die Gründung erst mit der gemeinsamen Silvesterfeier, zur der Liszt in die Altenburg geladen hatte. Hoffmann erinnerte sich: *Oben im dritten Stock waren drei Zimmer für uns hergerichtet, im mittelsten stand eine lange Tafel. Um 9 Uhr begann das Essen und zugleich eine große Heiterkeit. Nachdem mehrere Hochs ausgebracht waren, hielt ich eine Heerschau über die Mitglieder des Vereins, die fast alle zugegen waren.*

In den *Altenburg-Alben* findet sich zu diesem Ereignis ein umfangreicher Text zu den bedichteten Mitgliedern des Vereins, darunter Joachim Raff, Carl Montag, Oskar Schade, Eduard Genast, Peter Cornelius, Hans Bronsart von Schellendorf, Carl Stör, Edmund Singer, Richard Pohl und natürlich Liszt.:

*Raff kann sich noch immer nicht bequemen
Einen Kapellmeisterposten anzunehmen.*

*Genast will den Tell nicht mehr spielen,
Er wird doch nicht auf Pension etwa zielen?
Er hat im Köcher der Pfeile noch viele,
Womit er trifft nach jedem Ziele.*

*Dr. Pohl ist in geheimer Mission
Seit vierzehn Tagen in Leipzig schon.*

*Liszt wird sein im neuen Jahr wie im alten
Und immer eifrig darauf halten,
Dass sich aus Weimar, dem alten,
Ein neues Weimar mag gestalten.*

Sein eigenes Wirken in Weimar bereimte Hoffmann:

Er hat dann gedichtet und Holz gehackt,
Und das Jahrbuch mit Eifer angepackt,
Und hat dann leben lassen Freund und Feinde
Und die ganze Gesamtkunstgemeinde,
Um am letzten Tag im Jahre dem alten
Heerschau über die Clubbisten zu halten.

Den früher bespotteten Posaunisten, der nicht mehr in Weimar weilte, widmete er die Verse:

O hörte Nabich, wie wir vor Freude rasen,
Er würde seine Posaune vor Freude blasen.
Und will man ihn fragen,
Warum er das macht,
So wird er sagen
Mit gutem Bedacht:
Das ist, das ist Weimars wilde verwegene Jagd!

Wie viele Jahre später Alexander Wilhelm Gottschalg in einem Briefe äußerte, war *außer Liszt, Hoffmann von Fallersleben die Seele des Vereins, stets heiter, anregend, vielseitig, kampfbereit ohne Böswilligkeit, liebenswürdig, bescheiden, ohne Hochmut und Stolz.*
Der Verein tagte laut Statut regelmäßig montags im Stadthaus, mitunter auch in der Altenburg oder im Hotel „Russischer Hof", später auch in der Gaststätte „Zum Goldenen Adler". Da Hoffmann bereits in seiner Breslauer Zeit zwei Vereine gegründet hatte – mit den bezeichnenden Titeln *Zwecklose Gesellschaft* und *Breslauer Künstlerverein* – bemerkt man Parallelen zu den vorigen Unternehmungen.

120

Damals in den zwanziger Jahren gefielen die vorhandenen Vereine und Gesellschaften so wenig dem Geschmack und den Bestrebungen eines Hoffmanns von Fallersleben wie in den fünfzigern. Auf der Altenburg aber wurden die Abende geprägt vom Stil der Fürstin von Sayn-Wittgenstein, so dass Hoffmann und auch andere mehr Eigenständigkeit wünschten. Hinzu mag Hoffmanns Eigenart treten, die Männergesellschaft nach dem Vorbild der Burschenschaften und des studentischen Kommers zu bevorzugen, wobei seine Kenntnis mittelalterlicher Formen der Geselligkeit eine Rolle spielen mochte.

In der Mehrzahl waren die Mitglieder der genannten Vereine, die Hoffmann ins Leben rief, Künstler und Literaten. Seine Breslauer *Zwecklose Gesellschaft,* sagte er, habe *keinen Zweck nach außen* verfolgt, sondern ausschließlich auf ihre Mitglieder bereichernd wirken wollen, wozu jeder etwas beizutragen hatte, *was er des Mitteilens wert hielt:* Eigenes, Fremdes, Gedichte, Aphorismen, Witze, Auszüge aus alten und neuen Büchern, Lieder, das Vorstellen von Kupferstichen, Holzschnitten, Steindrucken und vieles andere, bei völligem Vorrang der eigenen Leistung.

Künstler vergangener Epochen sollten geehrt werden und dazu war jeweils eine repräsentative Zeitung zu erarbeiten. Das Prinzip des Miteinanders von Dichtung, Musik und Bildkunst in der *Zwecklosen Gesellschaft* sollte nun auf einem höheren Niveau für den *Neu-Weimar-Verein* gelten.

Wie in Breslau so erwies sich auch in Weimar der Verein als ein *enfant terrible* für das städtische Umfeld, hier wie dort wurde spießbürgerliche Geistesenge in satirischen Versen wie in Prosa verspottet.

VEREINS-LIED.

Der *Breslauer Künstlerverein* formulierte in seinen Statuten jedoch eine Zielstellung, die über die des *Zwecklosen Vereins* hinausging. Die Förderung künstlerischer Tätigkeit, das Vorstellen und Debattieren neuer Arbeiten wurde angestrebt wie auch eine bildende Einwirkung auf breite Kreise der Bevölkerung:

... durch die nach Außen wirkende Tätigkeit des Vereins wird nicht allein eine regere Teilnahme des Publikums an künstlerischen Leistungen und somit der Kunstsinn belebt werden, sondern selbst die Stellung der Künstler zu dem Publikum sich würdiger und ihrem Wirken mehr förderlich gestalten.

Es gibt zu denken, dass der Verein in Weimar an die Tradition des Künstlervereins nicht anknüpfte. Die Verfemung der Altenburg-Bewohner und -Gäste in der Residenzstadt wiesen alle derartigen Versuche von vornherein ins Abseits. Siehe oben: *Bleib Alt-Weimar für sich ...*

Hoffmann von Fallersleben begriff sehr wohl, dass die Künstler um Liszt, und dieser vor allen, auf die braven Bürger exotisch wirken mussten oder gar, wie manche Fremde, durch bloßes anderes Aussehen dem Durchschnittsmenschen ein Horror waren:

Höret an die Schauer-Mär
die sich zugetragen,
in Weymars großem Heereslager
Der Zukunfts-Tectosagen.
Vom Lohengrin war Probe
und Liszt selbst dirigierte
das Piccolo blies Lobe.
Unter vielen Componisten war auch
Gotha's künftiger Heldenführer.

In der Probe sitzt er nun
mit Stöhnen und mit Ängsten ...
Ihn rührt nicht der Milde Tun
noch des Höfers Gekrächze.
Ihm wird so bang, so bang
sieht er die Lisztianer
die da mit den Haaren so lang
Aussehn wie Insulaner.

Gründungsmitglieder des *Neu-Weimar-Vereins* waren außer Hoffmann und Liszt zwei Musikdirektoren und drei Mitglieder der Hofkapelle, ein Hofschauspieler und acht Komponisten respektive Musikjournalisten, wenig später kamen hinzu der Maler Preller und der Redakteur Schade. Im folgenden Jahr traten ein weiterer Schauspieler und der Prellerschüler Thon bei sowie zwei weitere Orchestermusiker. Auswärtige Mitglieder (heute würde man sagen: korrespondierende) wurden Berlioz (Paris), von Bülow (Berlin), Richard Wagner (Zürich), Carl Klindworth (London), Josef Joachim (Hannover).

Es kam, da im Verein auch entschiedene Auseinandersetzungen geführt wurden, bereits ein Jahr nach der Gründung zu Austritten, darunter Oskar Schades. Vizepräsident Hoffmann sah infolge des Ausscheidens von drei Literaten die Musiker zu sehr in der Überzahl, wie er in der Autobiografie schreibt: *Es war überhaupt von Anfang an nicht ersprießlich, daß so viele junge Musiker aufgenommen wurden, sie waren fast alle Schüler Liszts, die nur in ihm ihren einzigen Herrn und Meister anerkannten, liebten, verehrten und sich nie in Bezug auf den Verein als unabhängige Mitglieder kundgaben.*

Die Vereinsabende wurden anschaulich geschildert in der Vereinszeitung *Laterne,* zu der alle Mitglieder aufgefordert waren, ihre Beiträge zu liefern, die vom Redakteur gesichtet wurden. Es bestätigt Hoffmanns oben wiedergegebene Bedenken, dass die Mehrzahl der Artikel von den Musikern um Liszt kamen, besonders von Peter Cornelius und Joachim Raff, so dass die Musik betreffende Problematik den Hauptgegenstand bildete.

Anlässlich der Feier zum einjährigen Stiftungsfest des Vereins besang Hoffmann die

Quartettisten

Singer und Coßmann
Walbrül und Stör
Sind uns noch lieber
Als Punsch und Likör.

Ach, wenn sie spielen!
Traum ist das Geld,
Traum ist das Leben,
Traum ist die Welt.

Können sie zaubern
Uns doch so weit,
Daß wir vergessen
Freude und Leid;

Daß wir vergessen
Manchen gar sehr
Ami de Beethoven
Und auch noch mehr.

126

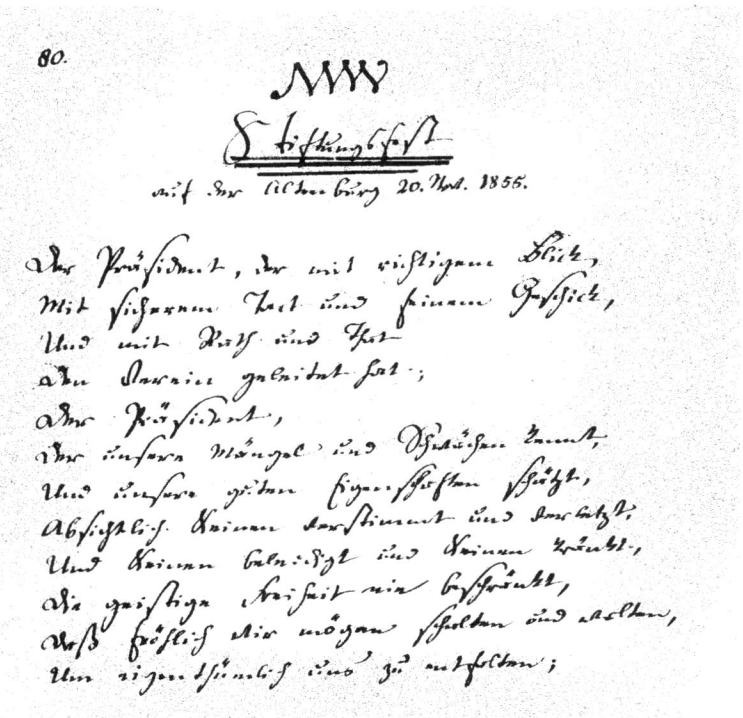

„Stiftungsfest" des Neu-Weimar-Vereins

Dem Prinzip der Vereinshymne gemäß *Wir freuen uns am Alten, doch Neues zu gestalten treibt mächtig uns der Geist,* brachte man das Weimar der Gegenwart gern in ein satirisch wirkendes Verhältnis zu Goethes Meinungen. In diesem Sinne schrieb Cornelius die *Stimmen Lebender und Toter über die Literatursteuer in Weimar.* Diese Steuer war eingeführt worden vom Bürgermeister Bock, Hoffmann ergoss in einem Beitrag für die *Laterne* seinen Spott darüber aus. Insgesamt sind dreizehn Beiträge aus seiner Feder dokumentiert, so auch eine Reaktion auf den Austritt Schades, Pohls und Raffs.

Die Vereinsabende waren mit Weinkonsum (im Schnitt anderthalb Taler pro Kopf und Abend) und Kartenspiel verbunden, in der Hauptsache aber stand die Auseinandersetzung mit den Weimarer Philistern und das Erörtern musikalischer Fragen voran. Höhepunkte des Vereinslebens wurden Premierenfeiern, Wiedersehensfeste nach Reisen, Geburtstagsfeiern und Begrüßungsfeten für liebe Gäste von weit her. Genannt seien nur Berlioz, Hebbel, Rietschel und von Bülow.

Ende der fünfziger Jahre ging die Beteiligung an den Vereinsabenden merklich zurück, teils wegen sich abzeichnender Gegensätze zwischen einzelnen Mitgliedern, teils wegen der Verschlechterung der sozialen Lage und künstlerischer Möglichkeiten vieler Freunde. Hoffmann leitete 1859 ein Gedicht für Liszt ein mit den Worten: *Die goldenen Zeiten sind vorbei.* Im Abschiedsgedicht an den Verein von 1860 wirft Hoffmann Fragen auf, die Ursachen des Scheiterns vieler Hoffnungen betreffend, Fragen, an die Freunde und sich selber gerichtet:

Im Augenblick der Trennung fühlen wir
Oft erst was wir uns waren, konnten sein,
Wir sehn uns an und fragen uns erstaunt,
Warum dies so, warum's nicht anders war.
Bequemlichkeit und Stumpfsinn hielt uns ab,
Und mancherlei, wir wissens selber kaum.
Nach Freundesart teilnehmend, herzlich auch,
Mit anderen zu verkehren wie mit uns.
Doch war und ist nicht alles unsre Schuld.

Hoffmann und Liszt verließen Weimar. Die Seele des Vereins kam abhanden, der Niedergang war unausweichlich.

128

Abschiedsbrief Hoffmanns an den Großherzog Carl Alexander von Sachsen-Weimar-Eisenach:
Ew. Königliche Hoheit sage ich nochmals meinen innigen Dank. Nach einem sechsjährigen Aufenthalt verlasse ich Weimar und empfehle mich Ew. Königliche Hoheit ferneren Huld und Gnade. In tiefster Ehrfurcht und Verehrung verharre EW. Königliche Hoheit

Weimar   unterthänigster
13. April 1860 ,   Dr. Hoffmann

129

Abbildung von Sixtus Thon in der Abschrift des 1. Bandes der „Altenburg-Alben" von Hoffmann von Fallersleben.

DIE JAHRE DANACH

Hoffmann von Fallersleben war zweiundsechzig Jahre alt, als er Weimar verließ, um auf Schloss Corvey an der Weser Bibliothekar des Herzogs von Ratibor zu werden. Wenige Monate nach der Übersiedlung starb seine geliebte Ida bei der Geburt des vierten Kindes. Er vereinsamte. Die Öffentlichkeit vernahm lange Zeit nichts von ihm, er schrieb an seiner Autobiografie, arbeitete an volkskundlichen Schriften und bereitete die Nachauflagen früherer Werke vor. Die Entwicklung Preußens nach 1849 sah er so: *Der Staat der Intelligenz und Quintessenz ist geworden der Staat der Imprudenz und Impotenz. Also eine Auflage der Manteuffelei.* Das heißt: einer schon 1858 als gescheitert eingestandenen Politik der Ablehnung des konstitutionellen Liberalismus.

Doch der Krieg gegen Dänemark, den Preußen mit Österreich im Bunde um Schleswig-Holstein führte, belebte in Hoffmann das Engagement für einen deutschen Nationalstaat. 1866 dann, als Bismarck den Krieg gegen Österreich um die Hegemonie in Deutschland vom Zaune brach, nahm er Partei für Preußen ungeachtet seiner kritischen Vorbehalte gegen die Innenpolitik des Berliner Ministerpräsidenten.

Die Kriegserklärung gegen Dänemark von 1870 veranlasste ihn, viele seiner Lieder zu den Befreiungskriegen gegen Napoleon aus der Schublade zu holen und zu aktualisieren. Er verfasste sogar eine Contremarseillaise und brachte sie als Flugblatt in Umlauf. Die Proklamation des Königs von Preußen zum Deutschen Kaiser schließlich besang er feierlich:

131

Wer ist der greise Siegesheld,
Der uns zu Schutz und Wehr
Fürs Vaterland zog in das Feld ...

Der so genannte Kartätschenprinz von 1848, der vor dem Volkszorn nach London flüchten musste, mutierte bei Hoffmann zum Siegeshelden. Für viele ehemalige Mitstreiter im Vormärz war diese Einigung von oben jedoch ganz und gar nicht das, was sie 1848/49 hatten erkämpfen wollen. Gegen sie äußerte Hoffmann von Fallersleben Verständnislosigkeit, obwohl er schon ein Jahr nach der Reichsgründung begriffen hatte:

Die Welt steht wieder still,
Als wäre sie am Ziel.
Der Fortschritt, den man will,
Ist nur ein Börsenspiel.

1873 kam es zum großen Börsenkrach. Für Hoffmann von Fallersleben waren nun die eigentlichen Gegner die *Römlinge,* die konservativ-kirchlichen Politiker. Das ließ ihn, trotz bleibender Vorbehalte, an die Seite des Reichskanzlers rücken, der gegen diese Männer den „Kulturkampf" führte. Hoffmann wetterte vehement gegen die Pfaffen, gegen alle Ultramontanen und attackierte die Industrieritter der Gründerjahre ebenso wie die sich im Kampf um soziale und politische Rechte formierenden Proletarier. Die Zeit war eine andere als die, in der er seinen Aufstieg als Wissenschaftler und Dichter erlebte. Er verstand die Welt nicht mehr, die ihn umgab.

August Heinrich Hoffmann von Fallersleben starb am 19. Januar 1874 in Corvey, wo er auch seine letzte Ruhestätte fand.

August Heinrich Hoffmann von Fallersleben an seinem Schreib-
tisch auf Schloß Corvey. (Ölbild von E. Henseler)

Wenn ich begraben bin

Wenn ich begraben bin
Und auch die mich gekannt
Begraben alle sind
Schon längst im kühlen Sand;

Wenn über mir schon sank
Mein Grabeshügel ein,
Und von mir nirgend spricht
Ein Totenkreuz noch Stein;

Wenn niemand auf der Welt,
Wie oft er beten mag,
Mein denkt auch nicht einmal
Am Allerseelentag:

Denkt manche Seele doch
Vielleicht in Freuden mein,
Denn – manche singt mit mir
Von Freiheit, Lieb' und Wein.

Wo Freiheit, Lieb' und Wein
Noch lebt in Sang und Wort,
Da lebt ihr Sänger auch
Der längst begrabne fort.

Büste von Adolf Gerhard Janensch.

AUGUST HEINRICH HOFFMANN
VON FALLERSLEBEN – LEBENSDATEN

1798	August Heinrich Hoffmann wird am 2. April in Fallersleben geboren.
1812	Besuch des Pädagogiums Helmstedt.
1814	Besuch des Catharineums Braunschweig.
1816	Studium der Theologie, Archäologie und Philologie an der Universität Göttingen.
1818	Erste Begegnung mit Jacob Grimm in Kassel. Fußwanderung nach Weimar und Jena.
1819	Tod des Vaters. Fortsetzung des Studiums der deutschen Philologie an der Friedrich-Wilhelm-Universität zu Bonn. Erste Wanderung in die Niederlande.
1821	Reise in die Niederlande.
1821/23	Aufenthalt in Berlin.
1823	Bibliothekar in Breslau. Ehrendoktor der Universität Leiden/Niederlande.
1830	Außerordentlicher Professor für deutsche Sprache und Literatur an der Universität Breslau. Beginn der Publikation der *Horae belgicae* (bis 1862)
1832	*Geschichte des Deutschen Kirchenliedes bis auf Luthers Zeit.*
1835	Ernennung zum Ordentlichen Professor.
1836	*Buch der Liebe.* Reise in die Niederlande.
1840	*Unpolitische Lieder*, Teil I, verlegt bei Hoffmann und Campe in Hamburg.
1841	*Unpolitische Lieder*, Teil II. Auf der damals britischen Insel Helgoland dichtet Hoffmann das *Lied der Deutschen*.

136

1842	Hoffmann als Professor in Breslau abgesetzt wegen der *Unpolitischen Lieder*. Tod des Bruders Daniel und der Mutter. Die *Schlesischen Volkslieder* erscheinen.
1843	Ständige Bespitzelung. Hoffmann wird ausgewiesen, verlässt Breslau. Unstetes Wanderleben in den deutschen Ländern.
1844/49	Aufenthalt in Holdorf und Buchholz, Mecklenburg. Häufige Reisen von dort. Anteilnahme an den revolutionären Ereignissen.
1849	Heirat mit seiner 18-jährigen Nichte Ida zum Berge. Umsiedlung nach Bingerbrück am Rhein.
1851	Umzug nach Neuwied.
1852	Opernlibretti, die keinen Komponisten finden. Tod der Tochter nach der Geburt. Erneute Verfolgung durch preußische Behörden.
1854	Übersiedlung nach Weimar. Herausgabe des *Weimarischen Jahrbuches für deutsche Sprache, Literatur und Kunst.*
1855	Geburt des Sohnes Franz Friedrich Hermann.
1857	Geburt und Tod des Sohnes Eduard. Ende des *Weimarischen Jahrbuches.*
1860	Wechsel nach Corvey. Bibliothekar des Herzogs von Ratibor.
1860	Tod Idas bei der Geburt des vierten Kindes.
1863	Beginn der Autobiografie *Mein Leben.* Besuch in Weimar. *Mein Leben* erscheint.
1874	August Heinrich Hoffmann von Fallersleben stirbt am 19. Januar in Corvey.

Die Abbildungen in diesem Buch wurden durch das Archiv der
Musikhochschule Franz Liszt, Weimar,
und die Stiftung Weimarer Klassik und
Kunstsammlungen zur Verfügung gestellt.

Titelbild: Stiftung Preußischer Kulturbesitz

Foto „Goethe-Schiller-Denkmal"
Peter Michaelis, TLZ

Unsere Affäre mit Frankreich

Mit einer nicht gehaltenen Rede von Michel Tournier

Felix Leibrock (Hg.)
Rendezvous
176 Seiten
Format 13,5 x 21 cm
Preis € 12,90 / sFr 20,60
ISBN 3-937939-70-9
ISBN-13 978-3-937939-70-4

Die Weimarer Reden 2006 thematisieren die vielfältigen Beziehungen zwischen Frankreich und Deutschland in Geschichte, Gegenwart und Zukunft.

Die Redner kommen aus unterschiedlichen Bereichen und öffnen mit ihren aktuellen, originellen und spannenden Ausführungen den Blick über den Tellerrand.

weimarer
*t*aschenbuch
verlag

www.mathiaskarge.de

Auf den Spuren Napoleons durch Thüringen

Rüdiger Stolz
Detlef Jena
Reisewege
Napoleon **in Thüringen**
200 Seiten
Format 13,5 x 21 cm
Preis € 9,90 / sFr 15,90
ISBN-10 3-937939-19-9
ISBN-13 978-3-937939-19-3

Thüringer Natur und Geschichte vereinen sich in einer Aufmerksamkeit erregenden und kurzweiligen Kulturlandschaft. Die Schlacht bei Jena und Auerstädt (1806) besitz darin einen festen Platz. Das Buch enthält nicht nur historische Dokumente, Berichte von Zeitzeugen und zahlreiche zeitgenössische Abbildungen – es zeigt auch die historische Landschaft in ihrem heutigen Zustand.

weimarer
*t*aschenbuch
verlag

www.mathiaskarge.de

Bittere Wahrheiten
ganz unverdünnt

Manfred Reißig (Hg.)
Nicht verzweifeln,
das Leben geht weiter
128 Seiten
Format 13,5 x 21 cm
Preis € 9,90 / sFr 15,90
ISBN 3-937939-16-4
ISBN-13 978-3-937939-16-2

Manfred Reißig hat vortreffliche Sprüche zur Politik aus den Jahrhunderten zusammengetragen, aufgelesen oder aus Reden und Schriften von Personen der Zeitgeschichte aufgespießt. Erstaunlich dabei ist, dass sich die Verhältnisse von der Antike bis zur Gegenwart wie sicherlich auch in der Zukunft sehr ähnlich sind. Die Schlussfolgerung lautet also: Nicht verzweifeln, das Leben geht weiter.

www.mathiaskarge.de

weimarer
*t*aschenbuch
verlag

Ein Roman, der aufhorchen lässt

Felix Leibrock
Wo der Atem wohnt
392 Seiten
Format 13,5 x 21 cm
Preis € 12,90 / sFr 20,60
ISBN 3-937939-18-0
ISBN-13 978-3-937939-18-6

Ein Buch von Liebe und Tod, von Verdrängen und Aufarbeiten, von Verzweifeln und Hoffen. Am Leben des Protagonisten Dr. Hanno Schook und der Kolumbianerin Ingrid B. zeigt sich das Überraschende und Unerwartete, das das Leben für alle bereithält, die für neue Wege offen sind.

weimarer
*t*aschenbuch
verlag

www.mathiaskarge.de